当代中国

文化

欧阳雪梅　著

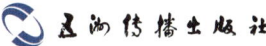

图书在版编目（CIP）数据

当代中国文化 / 欧阳雪梅著 . -- 2 版 . -- 北京 ：五洲传播出版社，2021.2
（当代中国系列）
ISBN 978-7-5085-4245-4

Ⅰ . ①当… Ⅱ . ①欧… Ⅲ . ①文化－中国－现代 Ⅳ . ① G12

中国版本图书馆 CIP 数据核字 (2019) 第 134819 号

当代中国系列

主　　编：武　力
出 版 人：荆孝敏

当代中国文化

著　　者：欧阳雪梅
责任编辑：宋博雅
图片提供：视觉中国　中新社
封面设计：北京澜天文化传媒有限公司
内文制作：北京优品地带文化发展有限公司
出版发行：五洲传播出版社
地　　址：北京市北三环中路 31 号生产力大楼 B 座 6 层
邮　　编：100088
发行电话：010-82005927，010-82007837
网　　址：http://www.cicc.org.cn http://www.thatsbooks.com
印　　刷：中煤（北京）印务有限公司
版　　次：2021 年 2 月第 2 版第 2 次印刷
开　　本：710 毫米 ×1000 毫米　1/16
印　　张：13.75
字　　数：218 千字
定　　价：62.00 元

目　录

前　言 ·· 1

第一章　当代中国文化建设的演进 ····························· 2

新中国文化事业的奠基 ···································· 4

新中国初期文化建设的成果 ···························· 10

改革开放初期文化领域的拨乱反正与对外开放 ··············· 17

建设中国特色社会主义文化 ···························· 25

文化事业与文化产业双轮驱动发展 ················· 28

新时代的社会主义文化强国建设 ····················· 34

第二章　思想道德建设 ·· 48

马克思主义何以成为指导思想 ························ 50

坚持用马克思主义中国化最新成果凝聚思想共识 ············· 58

培育和践行社会主义核心价值观 ····················· 68

第三章　百花齐放的社会主义文艺 ······················ 78

活跃的中国文艺 ·· 80

网络文艺的发展 ·· 90

影视文化新样貌 ·· 95

舞台艺术多元共生 ··· 108

第四章　文化事业建设 ·· 118

构建现代公共文化服务体系 ···························· 120

公共文化服务的共建共享 ······························ 125

文物从保护到保护利用 ··································· 131

非物质文化遗产保护传承 ······························ 146

信息化时代的文化遗产保护 ···························· 155

第五章　文化产业发展 **160**

文化产业快速发展 162

电影业的马鞍型发展之路 166

新型文化业态应运而生 169

第六章　宗教文化健康有序发展 **174**

尊重和保障宗教信仰自由 176

积极引导宗教与社会主义社会相适应 179

西藏的宗教文化状况 186

第七章　对外文化交流 **192**

扩大文化交流合作 194

让世界了解中国 202

促进对外文化贸易和投资 212

前　言

本书中的文化是与经济、政治、社会相对应的一个结构性概念，主要侧重于精神文化，指直接满足人们的精神需要的思想道德、文学艺术、文化事业、文化产业、宗教文化等内容。本书重点介绍中华人民共和国（以下简称"新中国"）成立以来，尤其是新时代"五位一体"总体布局中的中国文化建设概况，包括思想理论建设，人民文化权益的保障，新道德、新风尚的铸造，文学艺术的发展，哲学社会科学的进步，文化遗产的保护传承，宗教文化发展的现状，文化产业的格局以及对外文化交流的状况，等等。

文化是一个国家、一个民族的灵魂，是人民的精神家园。文化兴，国运兴；文化强，民族强。理论自觉、文化自信，是一个民族进步的力量；价值先进、思想解放，是一个社会活力的来源。中华民族素来重视文化，中国现存最早的哲学著作《周易》，即有"观乎人文，以化成天下"的思想。新中国为实现中华民族伟大复兴，仍然重视国家之魂，文以化之，文以铸之。

新中国自成立以来，围绕什么是社会主义文化、怎样建设社会主义文化，不断探索中国文化发展道路，推进社会主义文化建设，为构筑中国精神、中国价值，凝聚中国力量，丰富人民精神文化生活，做了大量卓有成效的工作。新时代，中国的文化建设立足中国，面向现代化、面向世界、面向未来，进一步确立和巩固马克思主义在意识形态领域的指导地位，加强文化领域制度建设，举旗帜、聚民心、育新人、兴文化、展形象，积极培育和践行社会主义核心价值观，推动中华优秀传统文化创造性转化、创新性发展，传承革命文化、发展先进文化，不断提高人民思想觉悟、道德水平、文明素养，努力铸就中华文化新辉煌。

 当代中国文化建设的演进

新中国成立后，在国家发展中重视促进精神文明和物质文明的全面发展。1949年9月，在中国人民政治协商会议第一届全体会议上，新当选的中央人民政府主席毛泽东指出："随着经济建设的高潮的到来，不可避免地将要出现一个文化建设的高潮。中国人被人认为不文明的时代已经过去了，我们将以一个具有高度文化的民族出现于世界。"周恩来作过一个形象的比喻："经济建设和文化建设，好像一辆车子的两个轮子，相辅而行。"

新中国文化事业的奠基

新中国成立之初，百废待兴，建设适应新的经济和政治发展要求的文化事业是文化建设的首要任务。具有临时宪法性质的《中国人民政治协商会议共同纲领》（以下简称《共同纲领》）提出建设"民族的、科学的、大众的"文化，人民政府的文化教育工作，应以提高人民文化水平，培养国家建设人才，肃清封建的、买办的、法西斯主义的思想，发展为人民服务的思想为主要任务。

◎建立文化机构和建设文化设施

为领导组织文化建设，中央人民政府政务院设立文化教育委员会，作为国家文化教育工作的最高指导机关，下设文化部、教育部、卫生部、中国科学院、新闻总署和出版总署。郭沫若为主任，马叙伦、陈伯达、陆定一、沈雁冰为副主任。地方也相应成立了文化管理机构。

在中央人民政府成立前夕，第一次中华全国文学艺术工作者代表大会于1949年7月在北平召开，824位正式代表和邀请代表参加大会，共同确立了为人民服务并首先为工农兵服务的文艺方针。大会选举产生中华全国文学艺术界联合会，下辖美术、舞蹈、曲艺、文学、音乐、戏剧、电影等专业性协会，作为党和政府联系广大文艺工作者的桥梁，团结广大文艺工作者参加新中国文化艺术事业。

加强文化基础设施建设。当时，在大中城市外的广袤地区，除了戏台，其他文化设施短缺。国家改革传统出版业，实行出版、印刷、发行的专业分工，出版通俗书报，建立各级新华书店，分支店延伸到

1960 年，周恩来总理在中国文学艺术工作者第三次代表大会上和著名潮剧演员姚璇秋（左一）亲切谈话。

重要集镇。在广大农村发展有线广播，农民在田间地头就可以了解国家时事政策。为活跃群众文化生活，在基层广泛设立文化馆、文化站，具体任务是进行识字教育、政治宣传、文化娱乐，普及与群众日常生活和工农业生产有关的技术知识和卫生知识。一些地方文化馆把有线广播、图书、文物保护等工作都承担起来。在工矿、部队则设立俱乐部。据 1954 年的统计，全国文化馆、站，俱乐部，业余剧团，图书室等约达 85000 个，各文化馆、站举办的幻灯放映、图片展览、各种表演和报告讲演四项活动，观众、听众约达 3 亿人次。

◎ "百花齐放，推陈出新"

中国戏曲长期活跃在民间的社火、节日里，活跃在百姓的日常生活中，是中国最具民族特色和传统风貌的代表性艺术，但旧艺人的社会地位很低，被称为"戏子"。新中国把地方戏曲团体和戏班子都变成了国营文艺团体，艺人生活有了保障。为提高戏曲水平，1951年4月3日，以著名京剧表演艺术家梅兰芳为院长的中国戏曲研究院在北京成立。毛泽东为其题词："百花齐放，推陈出新"，鼓励各种戏曲形式并存发展。同年5月5日，周恩来签发《关于戏曲改革工作的指示》，明确提出改戏、改人、改制的原则。改戏，是发掘整理传统剧目，剔除旧戏中的封建迷信、淫荡、荒诞等糟粕，创作内容健康向上、群众喜闻乐见的作品；改人，是尊重旧艺人，把他们看作劳动人民的一部分，在发挥艺人专长和才能的同时，帮助他们提高政治觉悟和艺术素质；改制，是改革旧戏班、旧戏社中的旧徒弟制、养女制等不合理制度，建立艺人参与管理的民主管理体制。中国传统戏曲发生了历史性的重大变革，从民间性向专业性发展，不仅建立了专业的戏曲教育、科研、出版机构，而且有力推动了戏曲院团在编剧、导演、作曲、

2015年11月6日，由文化部组织复排的新版歌剧《白毛女》在延安举行全国首演。

1956年5月，毛泽东主席在最高国务会议第七次会议上讲话，宣布了"百花齐放，百家争鸣"的方针。

舞美、表演等各方面的专业分工以及相关建设，极大提高了戏曲专业化水平，推动了戏曲的快速发展。

国家重视和支持文学艺术工作，全新的时代也激发了广大文艺工作者的创作激情。他们深入生活，创作了一批具有民族形式和风格，反映新社会、新人物、新生活，受到广大群众欢迎的作品。在新中国的第一部电影故事片《桥》中，劳动者——工人第一次以主人翁的姿态出现在银幕上。这时期代表性的文艺作品包括：反映革命岁月的《钢铁战士》《赵一曼》《董存瑞》《渡江侦察记》等影片，反映北京日新月异变化的话剧《龙须沟》，通讯《谁是最可爱的人》，歌曲《歌唱祖国》，舞蹈《采茶扑蝶》《荷花》，油画《开国大典》《江山如此多娇》，等等。长篇小说《太阳照在桑干河上》《暴风骤雨》和歌剧文学剧本《白毛女》，获得1951年度"斯大林文学奖"。此外，还系统整理出版了一批古典文学名著和近现代著名作家的文集，翻译出版了一批世界名著。在学习借鉴苏联等国家经验的基础上，组建了中国京剧院、中央歌剧院、中央乐团、北京人民艺术剧院等一大批新型文艺院团，引进芭蕾舞、交响乐、歌剧等许多西方古典艺术门类，建立了艺术教育体系，培养文艺人才。国家通过改造和创造大众文化建设社会主义新文化，并以此重塑现代民族国家形象和人民主体地位。

为发展科学文化，1956年，毛泽东进一步提出了"在艺术方面的百花齐放，学术方面的百家争鸣"的"双百"方针。稍后确立了"古为今用，洋为中用"的方针，解决了社会主义文化发展中的文化资源问题，正确处理继承、借鉴与创新的关系。毛泽东指出："采取现在的方针，文学艺术、科学技术会繁荣发达，党会经常保持活力，人民事业会欣欣向荣，中国会变成一个大强国而又使人可亲。"1957年，毛泽东提出文化工作要"为人民服务、为社会主义事业服务"。

◎普及文化

中国古代有良好的教育传统。有汉学家称："（科举制度）这个在世界史意义上的独特制度培养并创造了优异阶级，该阶级在世界史上是独一无二的。"但是，近代以来，中国国弱民穷、科学落后、文盲充斥，文明古国沦为文化弱国。根据国民党政府教育部的统计，1947年全国各级各类学校学生仅占全国人口的5.6%，高等教育毛入学率仅为0.26%，全社会文盲率极高，农村的文盲率高达95%以上。

为提高公民文化知识水平，《共同纲领》提出：有计划有步骤地实行普及教育，加强中等教育和高等教育，注重技术教育，加强劳动者的业余教育和在职干部教育。教育方针是培养"德、智、体"全面发展，有社会主义觉悟的有文化的劳动者。

新中国发展教育采取两条腿走路。一是为彻底改变在旧中国广大工农群众无缘受教育的状况，各级政府加强成人教育，开设各种扫盲

1956 年，福建金井的青年在修建水库时，利用休息时间在工地上学文化。

班，创办函授学校和夜大学。二是建设正规现代教育体系，把幼儿教育正式纳入教育系列，小学改为五年一贯制，中学完善初、高中教育制度，高等学校设专修科、专科、本科和研究部。各类学校互相衔接，为迅速开展的国家建设培养和输送人才。所有高等学校、中等技术学校、师范学校和工农速成学校学生的学习、生活费用均由国家供给，对有经济困难的中学生发放人民助学金并减免学费，保障广大劳动群众及其子女享有受教育的权利。此外，国家还选派留学生和实习生去苏联和东欧学习，以培养国家建设所需要的高级领导骨干和新技术专家。到 1952 年，工人、农民成分的学生在初等学校中已占 80% 以上，在中等学校中占 60% 左右，在高等学校中占 20% 以上。

为了改变少数民族地区文化教育落后状况，1951 年 8 月，教育部召开全国民族教育会议，决定除加强少数民族地区、少数民族人口的小学教育、成人教育外，还在北京及全国若干城市设立民族学院、民

江西省遂川县禾源镇严塘村一祠堂墙壁上留存的识字牌。摄于 2012 年。

族干部训练班和民族干部学校。各类高校对少数民族考生实行优先录取政策。国家还在经费、师资等方面对少数民族教育予以特殊照顾。凡有通用文字的民族，均采用本民族语言教学。国家依据"自愿自择"原则，帮助尚无文字的民族创立文字，帮助文字不完备的民族逐渐充实其文字。政务院规定在中央人民政府及各级地方人民政府的教育行政部门中，设立民族教育行政机构或设专人负责民族教育事宜。新疆、内蒙古、吉林延边等少数民族地区建立了少数民族出版社。

新中国初期文化建设的成果

新中国文化方针政策的全面贯彻实施，推动了文化发展。

◎文化事业发展和文艺创作成果斐然

从 1953 年起，文化事业建设开始纳入国民经济和社会发展五年计划。经过三个五年计划的实施，到 1965 年底，文化机构已有较大发展。全国公共图书馆由 1949 年的 55 个增加到 577 个，博物馆由 21 个增加到 214 个。以收集、整理、介绍民族民间艺术，研究和指导群众文艺活动为主要任务的群众艺术馆有 62 个，向县以下基层单位普及文化艺术、科学知识和辅导群众业余文化活动的文化馆有 2598 个，文化站有 2125 个。广播电台有 78 座，市县广播台站有 2181 座，全国 96% 的县通有线广播。1958 年 5 月，中国第一座电视台开播，随后创建 13 座省市电视台。电影放映单位 20363 个，从城市普及乡村。全国出版图书 20143 种，总印数 21.71 亿册，比 1950 年的图书品种数增长了约 1 倍，图书供给量增长 7.8 倍。全国专业艺术表演团体由 1000 个发展到 3465 个，门类包括民族传统戏曲、话剧、歌剧、各民族的歌舞、曲艺、杂技、皮影、木偶、芭蕾舞、交响乐等。剧场由 891 座增加到 2524 座。传统戏曲艺术遗产的整理和革新取得了不小成绩，仅 1956 年 6 月至 1957 年 4 月，全国就发掘、记录了上万个剧目，

2019 年 11 月 19 日，新编传奇粤剧《白蛇传·情》在北京梅兰芳大剧院上演。

整理了 4223 个剧目，上演了 1052 个剧目。整理改编的传统剧有《白蛇传》《十五贯》《梁祝》《天仙配》《牛郎织女》《柳毅传书》《刘海砍樵》《秦香莲》《杜十娘》《珍珠塔》《锁麟囊》《碧玉簪》《打金枝》等；创作的新编历史剧有《杨门女将》《蔡文姬》《猎虎记》《花木兰》《红楼梦》《关汉卿》《百岁挂帅》《奢香夫人》《望夫云》等，其中一些优秀剧目迄今仍在上演。建立高等艺术院校 22 所，中等艺术学校 59 所，在校学生达 1.1 万人。

文化向大众敞开大门，彻底改变了中国过去由少数文化精英独享文化的局面。在文艺为人民服务的方针指导下，革命现实主义题材作品占据主导地位，以反映中国革命历史和新中国现实生活题材的创作最为丰盛。《青春之歌》《红岩》《保卫延安》《林海雪原》《欧阳海之歌》《六十年的变迁》《创业史》《敌后武工队》《铁道游击队》等小说脍炙人口。报告文学《为了六十一个阶级兄弟》《红旗插上了珠穆朗玛峰》等，在人民群众中产生了巨大反响。电影和舞台剧中，关于历史题材的有《林家铺子》《林则徐》《战火中的青春》《回民支队》《万水千山》《革命家庭》《红旗谱》《暴风骤雨》《燎原》《怒潮》《革命自有后来人》《51 号兵站》《野火春风斗古城》《小兵张嘎》《烈火中永生》《白求恩大夫》等，展示出中国人民为争取民族独立和人民解放所经历的极不平凡的历史；反映现实题材的有《风暴》《我们村里的年轻人》《五朵金花》《今天我休息》《李双双》《枯木逢春》《北大荒人》《冰山上的来客》《霓虹灯下的哨兵》《英雄儿女》《年青的一代》等影片，讴歌艰苦奋斗、无私奉献及革命英雄主义精神。还有大型音乐舞蹈史诗《东方红》，歌剧《江姐》《洪湖赤卫队》，芭蕾舞《红色娘子军》，小提琴协奏曲《梁山伯与祝英台》，美术片《小蝌蚪找妈妈》等，都是这一时期的经典文艺作品。在"百花齐放，推陈出新"方针的指引下，文化部积极推动对传统戏剧包括京剧和地方戏的改革，催生出《红灯记》《芦荡火种》《奇袭白虎团》《智取

2018 年夏天，新疆和静县乌兰牧骑的演员们在巴音布鲁克大草原上为游客表演展示蒙古族牧民生活场景的舞蹈。

威虎山》《黛诺》《六号门》《节振国》《草原英雄小姐妹》《红嫂》等一批优秀文艺作品。少数民族作品有蒙古族作家玛拉沁夫的《科尔沁草原的人们》、壮族作家韦麒麟的《百鸟衣》，还有收集整理的布依族叙事长诗《阿诗玛》等。郭沫若、茅盾、范文澜、翦伯赞、巴金、老舍、曹禺、赵树理、徐悲鸿、齐白石、梅兰芳等一批社会科学家和文学艺术家蜚声海内外。

　　为丰富农村群众文艺活动，从中央到地方组成农村文化工作队，下乡开展文化活动，剧团和其他文艺团体也下乡为农民巡回演出。内蒙古牧区地广人稀、交通不便，为解决农牧民精神生活匮乏问题，出现了"红色文化工作队"——"乌兰牧骑"①。这是内蒙古自治区组织建立的一种装备轻便、由文化馆职员和能歌善舞的艺人组成的小型

①蒙古语中，"乌兰"意为"红色"，"牧骑"意为"嫩芽"，合起来引申为"红色文化工作队"。

流动文化工作队，常年坚持到各牧区表演节目，送去欢乐。1957年6月，第一支乌兰牧骑在苏尼特右旗成立，主要表演牧区群众喜欢的民族声乐、器乐、舞蹈："把天空当成明亮的灯光，把草原当成移动的舞台，哪里有牧民兄弟姐妹，乌兰牧骑就会来到你们的身边……"60多年过去，服务牧民群众的乌兰牧骑队伍发展到75支3000多名队员，累计行程130余万公里，为农牧民和各族群众演出36万余场次，观众总数达2.6亿人次。

新中国成立之后的文艺，不仅注重"文艺大众化"，还在努力追求"大众文艺化"。中国作家协会成立农村读物工作委员会，出版了《农村文学读物丛书》。重视发现和培养工农兵作家，出版《新人新作选》，召开全国青年业余文学创作积极分子大会。20世纪五六十年代，《群众文艺》《大众文艺》《农村文艺》《农村演唱》《说说唱唱》之类的刊物异常兴盛，工矿企业、乡村城区的民间文艺组织大为活跃。群众文艺在提高中国人民的文化素质、艺术修养、道德情操等方面，发挥了重要作用。

◎ 建构中华民族新的精神面貌和社会风尚

新中国，人民当家做主。1949年8月31日，北平新华广播电台播发了社会学家费孝通的文章。他说，自己很早就听见过"民主"两个字，但是究竟怎样才算是一个民主的社会呢，并不明白。正是在北平各界人民代表会议上看到的场景，让他一下子明白了什么是民主：穿制服的，穿工装的，穿短衫的，穿旗袍的，穿西服的，穿长袍的，还有一位戴瓜皮帽的，在一个会场里一起讨论问题，使他第一次对民主的形式和民主的事实有了认识。中国共产党为筹建中华人民共和国召开的政治协商会议共有662名代表，包括各党派、团体、区域以及特邀的代表，还有工人、农民、知识分子、工商、妇女、自由职业、华侨、宗教等10多个界别的各阶层代表。这在中国历史上是前所未有的事情。

　　新中国除旧布新，倡导社会主义新文化，使整个社会风气和人民精神面貌发生了巨大变化。中国共产党以为人民服务为宗旨，提倡"爱祖国、爱人民、爱劳动、爱科学、爱护公共财物"的社会风尚，消除黄、毒、赌，打击违法犯罪，建设平等友爱、清正廉洁、健康向上的社会环境。为克服经历长期战争后的财政经济困难，国家发动节约运动，鼓励简朴生活和艰苦奋斗，不仅"劳动光荣、剥削可耻"成为民众的共识，而且劳动者因为当家做了主人，焕发出建设新国家的高度责任感和开创新生活的积极性。工人爱厂如家，开展劳动竞赛，加班加点不计报酬，技术创新争分夺秒。鞍山钢铁厂工人王崇伦、孟泰、青岛纺织女工郝建秀、北京掏粪工人时传祥、北京百货大楼售货员张秉贵，建筑工人李瑞环、张百发等都是劳动模范。农民通过互助合作运动增加生产，多交公粮，多作贡献。李顺达是农业战线的劳动模范，毛泽东主席接见他，说："你在太行山住，那个地方石厚土薄，你做出了成绩，我敬你一杯。" 1954 年，25 岁的姑娘申纪兰是山西一个初级农业生产合作社副社长，她提出的"男女同工同酬"被写进宪法。国家主席刘少奇拉着时传祥的手说："你掏大粪是人民勤务员，我当国家主席也是人民勤务员，这只是革命分工不同，都是革命事业中不可缺少的一部分。"在新中国，劳动者普遍受到尊重。

◎积极开展对外文化交流

　　新中国积极建设新文化，也努力开拓对外文化交流。毛泽东主张"中国应当广泛吸收外国的进步文化，作为自己文化的食粮的原料"，"洋为中用"。由于当时是冷战时期，中国主要与社会主义国家、亚非拉发展中国家，以及少数西方国家，在文学、艺术、教育、体育、卫生、科技、新闻、出版、广播、电影、文物、图书、博物馆等领域开展交流与合作。20 世纪 50 年代，苏联哲学、经济学、教育、自然科学、

2018年5月21日，湖北省武汉市黄鹤楼景区上演大型编钟古代宫廷歌舞秀——《楚风鹤韵》。

文学、电影、音乐、舞蹈、美术，包括普列汉诺夫的艺术理论、斯坦尼斯拉夫斯基的表演体系等对中国产生了较大影响。加上大批中国留学生去苏联学习和大批苏联专家来华帮助中国开展社会主义建设，进一步促进了中苏之间的文化交流，中国文化中的苏联元素处处可见。《安娜·卡列尼娜》《复活》《战争与和平》《被侮辱与被损害的》等文学名著，是中国读者耳熟能详的作品。电影《列宁在十月》《青年近卫军》《乡村女教师》《保卫察里金》等也给中国影迷留下了深刻印象。同时，中国的京剧、杂技、文学、电影、工艺品，也在苏联得到较为广泛的传播。

1964年，中国与法国建交。两国政府签订了1965年至1966年文化交流计划，这是中国与西欧国家签订的第一个政府间的文化交流计划。随着1971年中国恢复在联合国的合法席位，对外文化交流进一步扩大。标志性的事件是1973年5月开始的"中华人民共和国出土文物展览"，先后在法国、日本、英国、美国、菲律宾、澳大利亚等15个国家（地区）展出，展品中有金缕玉衣、马踏飞燕、铜编钟等展现中国悠久历史文化和人民智慧创造的珍品。持续5年的展览，吸引全球650多万观众，给世界极大震撼，被赞誉为"文物外交"。在英国展览时，观众达77万人，英国首相希思出席开幕式，女王伊丽莎白二世参观了展览。

新中国文化事业在探索中也遭受了严重挫折。1957年的"反右运动"扩大化，一批知识分子被错划为"右派分子"。1966年，"文化大革命"开始，极左思潮全面泛滥，文学艺术、学术、新闻出版工作遭到全面冲击，良好道德风尚被破坏，许多知识分子受到歧视甚至迫害，文物、文化设施被破坏，大部分文艺团体被强行解散，文化事业遭到摧残，中国经历了一段"八亿人民看八个样板戏"的文化低潮期。但幸运的是，国家始终保持统一，毛泽东等领导人对意识到的一些错误思潮进行了纠正，一部分人对错误思潮进行了抵制与斗争。

综上所述，尽管这一阶段文化建设中犯过严重错误，但新中国的文化事业还是取得了前所未有的巨大成就，奠定了社会主义文化基础。

改革开放初期文化领域的拨乱反正与对外开放

1976年结束"文化大革命"后，中国共产党总结和反思新中国成立后文化建设正反两方面经验，以坚持真理、修正错误的勇气，拨乱反正，进行文化政策调整，重建文化发展的秩序。1978年12月召开的中共十一届三中全会，恢复了毛泽东倡导的实事求是的思想路线。中国进入改革开放时代，当代中国的思想文化建设进入新时期。

1977年7月，刚刚复出的邓小平自告奋勇主管科教工作。中共中央在文化领域采取一系列重大举措。8月6日，邓小平作出决策：恢

1978 年 12 月 18 日至 22 日，中国共产党十一届三中全会在北京举行，作出了中国实行改革开放的重大决策。图为中共领导人邓小平（右）和陈云在三中全会上。

复高等学校招生考试，这是中国拨乱反正的先声。同年底，关闭了 11 年之久的高考大门再次面向莘莘学子敞开，从学校、农村、工厂、部队赶来的 570 万考生参加了当年的高考。1978 年夏，参加高考的考生增加到 610 万。这不仅改变了考上大学的数十万年轻人的命运，而且由此扭转了多年来对知识、知识分子的态度，为中国文化事业、经济建设和各项工作奠定了人才基础。

1977 年 5 月，在中国科学院哲学社会科学部基础上成立中国社会科学院，中国科学院重新建立学术委员会。为了"向科学技术的现代化进军"，1978 年 3 月，中共中央在北京召开全国科学大会，近 6000 名科技工作者与会。代表中有 33 岁的任正非。他作为解放军科技人员的代表出席大会，因为他在战友们的配合下，成功研制出中国第一台高精度计量标准仪器——空气压力天平，为仪表工业填补了一项空白。据统计，当时 35 岁以下的代表只有 150 多人。30 多年后，任正非创办的华为公司以其高科技产品服务于全球超过 1/3 的人口，并成为全球持有专利最多的企业之一。

邓小平在大会开幕式作了重要讲话，强调科学技术是生产力，知识分子是工人阶级的一部分，四个现代化关键是科学技术现代化；在科学技术部门中，党委的领导主要是政治上的领导，业务领导工作应当放手让所长、副所长分工去做。会议期间，他还特地接见了一批作出突出贡献的科学家。会议讨论了新的科学技术发展规划，把农业、能源、材料、电子计算机、激光、空间、高能物理、遗传工程8个影响全局的综合性科学技术领域、重大新兴技术领域和学科，放在突出的地位。这对科技、教育、文化等领域的改革发展产生了深远的影响，"科学的春天到来了！"会后，一批具有创造、探索、奉献精神的知识分子楷模人物备受社会推崇，陈景润、李四光、华罗庚、高士其、杨乐、张广厚、林巧稚、蒋筑英等人的事迹几乎家喻户晓。国家着手

全国科学大会会场

改善教育科研条件和知识分子的生活待遇。"尊重知识、尊重人才"成为知识分子政策的核心。1981年成立专门的知识分子工作办公室。

拨乱反正最重要的内容是解放思想。早在1978年1月，人民日报发表了《文风和认识路线》一文，提出："检验工作好坏、水平高低的标准是看实践，还是去看别的东西？"同年3月，该报还发表文章《标准只有一个》，进一步提出："真理的标准只有一个，没有第二个，除了社会实践，不可能再有其他检验真理的标准。"这些文章的发表为之后的真理标准大讨论奠定了基础，也推动理论工作者对实践标准问题作更深层次的理性思考。5月10日，由南京大学哲学系副教授胡福明撰写，后经多名理论工作者参与修改、有关领导亲自审定的《实践是检验真理的唯一标准》在中央党校内部刊物《理论动态》上刊发；5月11日，《光明日报》以本报特约评论员名义公开发表；5月12日，《人民日报》《解放军报》全文转载；新华社发通稿，数日内文章迅速传遍神州大地。

真理标准大讨论的意义，并不仅仅在于澄清理论常识，更重要的在于从理论和实践关系出发解决认识论问题，打破精神禁锢、思想僵化，解放思想，在全社会形成了以实事求是的精神来认识、解决中国现实问题的共识，为中共十一届三中全会重新确立正确的思想路线作了理论和舆论上的准备。

文学是政治的晴雨表。1977年，文学界开始对"四人帮"进行揭批和清算。刘厚明在《北京文艺》第1期发表《十七年文艺成绩不可低估》。1978年6月、7月，《文汇报》《文艺报》先后发表茅盾、郭沫若、周扬和巴金等在中国文学艺术界联合会第三届全国委员会第三次扩大会议上的讲话，提出要"迎接社会主义文艺的春天"。文艺界出现了"伤痕"文学、反思文学。1977年第11期《人民文学》发表了刘心武的短篇小说《班主任》。这是第一部"伤痕"小说。"伤痕文学"这一特定概念，是从青年作家卢新华于1978年8月11日在《文汇报》发表的短篇小说《伤痕》而来的。小说揭露极左思潮给社会造成的伤害，从生活出发，呼唤人的尊严和价值，引起许多人的共鸣，加印到 180 万份，仍然不能满足读者的需要，由此形成"伤痕文学现象"。该作品不仅获得当年全国优秀短篇小说奖，还被改编成话剧、广播剧以及各种地方戏剧等在各地上演。类似的代表作还有《天云山传奇》《神圣的使命》《大墙下的红玉兰》《铺花的歧路》《许茂和他的女儿们》等。此外，还有话剧《丹心谱》《于无声处》，伤痕美术、反思美术作品《枫》《张志新》《发人深思》《那时我们正年轻》《在命运的列车上》等。这场文学意义上的思想解放运动，促进了文艺界的思想解放，对社会转型起到了催化作用。

1978 年 6 月 13 日，《人民日报》发表《认真调整党的文艺政策》一文，保留了"文艺为工农兵服务"，而舍弃了"文艺为政治服务"的提法。1979 年 10 月 30 日，中国文学艺术工作者第四次代表大会召开，邓小平致祝词，充分肯定了新中国成立以来文艺事业的成就，指出：文艺要"满足人民精神生活多方面的需要"，坚持百花齐放、推陈出新、洋为中用、古为今用的方针，在艺术创作上提倡不同形式和风格的自由发展，在艺术理论上提倡不同观点和学派的自由讨论，文艺题材和表现手法要日益丰富多彩，敢于创新。这次文代会成为当代文艺走向新时期的一次标志性事件。1980 年 7 月 26 日，《人民日报》发表社论《文艺为人民服务、为社会主义服务》。"双百"方针和"文艺为人民服务、为社会主义服务"的"二为"方向是社会主义新时期文艺工作的指导方针，调动了文艺界的积极性和创造性。

与此同时，恢复文联、作协工作，建立一些文化机构，为大批文化工作者恢复名誉，一批优秀作品解禁，多年被忽视的政治学、法学、社会学以及世界政治等学科重建，恢复和建立评奖等激励机制，并于 20 世纪 80 年代中后期开始探索与现代化建设相适应的教育科学文化体制，极大地解放了文化生产力。

大胆吸收和借鉴人类文明的优秀成果。新中国成立后一直处于被西方国家围堵、封锁之中，加之自身历史和现实等多方面原因，与外界处于一种不正常的隔离状态，"洋为中用"方针在实践中落实不够。邓小平把握和平与发展成为时代主题的变化契机，指出：任何一个民族、一个国家，都需要学习别的民族、别的国家的长处。"我们要向资本主义发达国家学习先进的科学、技术、经营管理方法以及其他一切对我们有益的知识和文化，闭关自守、故步自封是愚蠢的。""社会主义要赢得与资本主义相比较的优势，就必须大胆地吸收和借鉴人类社会创造的一切文明成果"。邓小平1979年访美，亲自签署了中美政府间科学技术合作协定和文化协定，开启了中美两国科技文化交流与合作的大门。在他的提议下，1978年中国向28个国家派遣了480名留学生。此后中国的国际合作与交流不断扩大。1979—1987年，美国向中国公派和自费留学人员发放的签证数分别为39698个和22309个，共计62007个，史无前例。

中国留学生在美国加州的学习生活。摄于2010年。

2016 年 10 月 23 日，商务印书馆涵芬楼书店的书架上整齐摆放着"汉译世界学术名著"丛书。

1983 年，邓小平要求用几十年的时间把世界古今有定评的学术著作都翻译出版，着重介绍西方正直进步的学者、作家、艺术家有价值的著作和创作，这反映了改革开放后的中国对待人类思想文化遗产的态度。短短十数年间，中国把西方启蒙时代以来的重要思想文化学派，包括兴起于 20 世纪 70 年代以控制论、系统论、信息论为主要内容的方法论和以《第三次浪潮》为代表的未来学等数百种代表性著作，悉数译介过来。截至 2019 年，"汉译世界学术名著"丛书已出版超过 700 种，其中，哲学类 255 种，政治、法律、社会学类 165 种，历史、地理类 135 种，经济学类 130 种，语言学类 15 种，被誉为对中国学术文化有基本建设意义的重大工程。

在引介潮流中，邓小平反对一些人对于西方各种哲学的、经济学的、社会政治的和文学艺术的思潮盲目推崇，强调"属于文化领域的东西，一定要运用马克思主义对它们的思想内容和表现方法进行分析、鉴别和批判"。这是一种清醒的认识，但要人们在中国与世界全面接

2018 年 7 月 27 日，由中国美术家协会、中国美术馆、广东省文学艺术界联合会主办的"大潮起珠江——纪念改革开放 40 周年全国美术作品展"在中国美术馆开幕。

轨的初始阶段做到这一点，很不容易。

　　思想解放运动与对外开放，激发了作家、艺术家极大的创作热情，各种形式的文艺创作，如话剧、报告文学、诗歌、电影、小说、小品、相声、漫画、建筑壁画等，如雨后春笋不断涌现。1981 年，文艺期刊发行量达 12 亿册，北京的《当代》《十月》，上海的《收获》，解放军的《昆仑》，南京的《钟山》，广州的《花城》，发行量都达数十万份。1976 年 10 月至 1982 年 9 月，全国发表和出版中篇小说近 1500 篇，出版长篇小说 500 多部；创作话剧和戏曲剧本（包括改编）4200 多部；出版诗集 500 多种，平均每年发表诗歌 4 万多首。1981 年后每年拍摄电影超过百部。随着电视机普及率的提高，电视剧迅速发展起来。美术、舞蹈、曲艺等各领域也涌现了一批优秀作品。一批文坛新秀登场，成为一支异常活跃的生力军，其艺术表现形式和风格日益多样化。中国文艺出现了前所未有的繁荣局面。

建设中国特色社会主义文化

以"七五"计划（1986—1990）完成为标志，中国基本解决了温饱问题，开始向小康过渡。物质生活水平的提高，既为文化发展创造了条件，也给文化建设提出了新的要求。改革开放以来，一方面西方文化涌入影响着中国人的文化认知与价值认同，有些人否定民族文化，提出"全盘西化"主张，另一方面出现了以儒学取代马克思主义指导思想地位的主张。这推动执政党加强文化理论建设。1990年1月，李瑞环在全国文艺工作者情况交流座谈会上发表《关于弘扬民族优秀文化的若干问题》的讲话，提出要"重视和研究建设有中国特色的社会主义新文化"。1991年，江泽民在庆祝中国共产党成立七十周年大会上的讲话中提出"有中国特色社会主义的文化"的命题，明确有中国特色社会主义的经济、政治、文化是有机统一、不可分割的整体。他指出："有中国特色社会主义的文化，必须以马克思列宁主义、毛泽东思想为指导，不能搞指导思想的多元化；必须坚持为人民服务、为社会主义服务的方向和'百花齐放、百家争鸣'的方针，繁荣和发展社会主义文化，不允许毒害人民、污染社会和反社会主义的东西泛滥；必须继承发扬民族优秀传统文化而又充分体现社会主义时代精神，立足本国而又充分吸收世界文化优秀成果，不允许搞民族虚无主义和全盘西化"，初步回答了新的环境下如何开展文化建设的问题。1992年，中共十四大提出以建立社会主义市场经济体制为目标的经济体制改革，指出：社会主义现代化应该有繁荣的经济，也应该有繁荣的文化。中国开始探索与社会主义市场经济相适应的文化建设路径。

中共十五大系统阐释了"有中国特色社会主义文化建设"思想。

报告指出，建设有中国特色的社会主义文化，就是"以马克思主义为指导，以培育有理想、有道德、有文化、有纪律的公民为目标，发展面向现代化、面向世界、面向未来的、民族的科学的大众的社会主义文化"。在全社会形成共同理想和精神支柱是有中国特色社会主义文化建设的根本，是提高社会文明程度、推进改革开放和现代化建设的重要条件。报告还说明，"有中国特色社会主义的文化，就其主要内容来说，同改革开放以来我们一贯倡导的社会主义精神文明是一致的。文化相对于经济、政治而言，精神文明相对于物质文明而言"。建设有中国特色社会主义的文化与建设有中国特色社会主义的经济、政治，构成党在社会主义初级阶段的基本纲领。

有中国特色社会主义的文化，"渊源于中华民族五千年文明史，又植根于有中国特色社会主义的实践"。继承和发扬中华民族传统的优良道德品格，塑造与形成当代中国的民族精神，是有中国特色社会主义文化建设的重要内容。江泽民说："中华民族的精神，最突出的就是团结统一、独立自主、爱好和平、自强不息的精神。"中国共产党在革命、建设和改革各个历史时期创造的井冈山精神、长征精神、延安精神、红岩精神、抗美援朝精神、铁人精神、雷锋精神、"两弹一星"精神等是民族精神的核心。民族精神随时代进步和社会发展而不断丰富。1998年夏季，中国江南、华南大部分地区及北方局部地区发生了特大洪水，国家调度人、财、物抗洪抢险，紧急动员解放军、武警部队前往一线，110多名将军在一线指挥，66个师、旅和武警总队共30余万兵力加入抗洪之战，和沿江的干部群众一起保护人民生命与财产安全。前方与后方齐心协力，前方在江堤边冒雨昼夜奋战，后方捐款捐物，中国军民共同铸就了"万众一心、众志成城、不怕困难、顽强拼搏、坚韧不拔、敢于胜利的伟大抗洪精神"。

2000年2月，在广东视察时，江泽民首次提出：在新的历史条件下，中国共产党要始终代表中国先进生产力的发展要求，代表中国先进文

1998 年，解放军和武警官兵在江西省九江市守卫防洪堤坝。

化的前进方向，代表中国最广大人民的根本利益。"先进文化"问题一时成为文化界讨论的热点。什么是先进文化？先进文化与中国特色社会主义文化是什么关系？中共十六大报告明确指出，在当代中国，发展先进文化，就是发展面向现代化、面向世界、面向未来的，民族的科学的大众的社会主义文化，并提出大力发展先进文化、支持健康有益文化、努力改造落后文化、坚决抵制腐朽文化的文化策略。这就是说，"先进文化"是指中国特色社会主义文化中充分反映时代要求、代表民族和人民根本利益的部分。针对新闻事业脱离生活、脱离群众的现象，党中央提出要贴近实际、贴近生活、贴近群众。后来，"三贴近"原则进一步适用于整个文化领域。

　　中国特色社会主义文化发展不能离开世界文明的成果，对待外来文化，既要博采各国文化之长，又要坚持以我为主、为我所用的原则。

2001 年 11 月 11 日，中国加入世界贸易组织签字仪式在卡塔尔多哈举行。

文化事业与文化产业双轮驱动发展

跨入 21 世纪，文化与经济、政治交融，在综合国力竞争中的地位与作用更加凸显，中国文化发展的重点是在体制机制方面实现突破。

新中国成立后，文化建设由政府出资，统一管理。改革开放后，为了解决经费不足等问题，少数文化单位率先开始经营机制市场化改革的尝试。一些报刊试行事业单位属性、企业化管理；一些文化公益性事业单位实施"以文补文"①"多业助文"等。国家允许非公有制经营文化实体开展文化服务，但对文化与产业、文化与经济的关系等问题始终没有明确。经营性文化产业与公益性文化事业混同、政府统包统揽、产权归属不明，造成了应该由政府主导的公益性文化事业长

---

① "以文补文"即文化事业单位向公众提供有偿文化服务，其所得收入用于补充文化事业经费的不足。

期投入不足，应该由市场主导的经营性文化产业长期依赖政府，缺乏活力和竞争力，文化产品的供需矛盾突出。世界高新技术的飞速发展，数字技术的应用和互联网的普及，带来文化创意浪潮和文化传播领域的重大革命，许多国家已把文化产业作为战略产业加以扶持。中国加入世贸组织时，"文化例外"的要求没有被接受，这意味着中国一直视为非经济的文化领域，大多都被定义为"产业"，要被纳入对外开放的范围，文化竞争会更加激烈。这些因素推动了文化体制改革的破题，于是国家开始将经营性文化产业和公益性文化事业分离。

2000年10月，中共十五届五中全会在《关于制定国民经济和社会发展第十个五年计划的建议》中确认了"文化产业"这一概念，将文化产业纳入国民经济发展体系。中共十六大提出，文化建设要"牢牢把握先进文化的前进方向"，建立社会主义思想道德体系，明确"国家支持和保障文化公益事业，并鼓励它们增强自身发展活力"，"发

2009年5月15日，为期四天的第五届中国（深圳）国际文化产业博览交易会在深圳开幕。

展文化产业是市场经济条件下繁荣社会主义文化、满足人民群众精神文化需求的重要途径。完善文化产业政策，支持文化产业发展，增强我国文化产业的整体实力和竞争力"。在实践的基础上，中共十六届四中全会首次提出"文化生产力"的概念，充分肯定了文化创造社会财富的功能。"文化生产力"既包括能够转化为物质生产力的精神生产，也包括创造精神财富、满足精神需求的精神生产。区分文化事业与文化产业，这是中国在文化建设方面的重大理论突破，推动了文化产业的发展。

2003年6月，文化体制改革开始试点。2005年12月，中共中央、国务院发出《关于深化文化体制改革的若干意见》。根据该意见和中共十七大精神，中国文化事业主要包括以下几个方面：（1）义务教育；（2）自然科学基础理论研究和社会科学研究；（3）党报党刊、国家电台电视台、通讯社、重点新闻网站和时政类报刊，少数承担政治性、公益性出版任务的出版单位；（4）重要文化遗产和优秀民间文化艺

2006年11月28日，一位外国观众在北京入神地欣赏中国戏剧展。

术的保护；（5）国家兴办的体现民族特色和国家水准的艺术表演团体；（6）国家兴办的图书馆、博物馆、文化馆（站）、群众艺术馆、美术馆等公共文化服务机构；（7）社区、农村面向大众的公共文化体育基础设施。这七个方面之外的文化机构和单位都属于文化产业的范畴，一律转制改企，进入文化市场体系。体制机制改革的目的是使文化事业单位增强活力、文化企业提高竞争力。2006年1月，文化体制改革全面启动，到2012年，基本完成了出版、影视制作、发行、广电传输、一般国有文艺院团、首批非时政类报刊出版单位等国有经营性文化单位转企改制。改革的重要任务是培育合格的文化市场主体，即文化企业成为自主经营、自我发展的独立法人，并有自生能力，培育和规范文化市场体系。同时，转变政府职能，管办分离。主管部门要逐步实现由办文化向管文化转变，由管微观向管宏观转变，从以行政手段为主逐步转向以法律手段为主，实行政企分开、政事分开。鉴于文化产业在加快转变经济发展方式中的重要作用，2009年国家颁布《文化产业振兴规划》，把文化产业上升为国家的战略产业。

改革推动了发展。2004年至2012年，中国文化产业逐步形成了产业体系框架，并成为国民经济新的增长点，文化产业增加值由3440亿元增长到18071亿元，占GDP（国内生产总值）的比重由2.15%增长到3.48%。文化产品的供给能力提升，图书品种、总量稳居世界第一位，2010年中国成为世界第一大电视剧生产国、第三大电影生产国。

公益性文化事业由各级政府主导。2005年公共文化服务体系建设提上日程。2006年国家发布的首个文化发展规划——《国家"十一五"时期文化发展规划纲要》，提出建设适用、便捷、高效的公共文化服务体系。2002年至2011年，全国文化事业费由83.66亿元提高到392.62亿元，年均增长18.7%；人均文化事业费由6.51元提高到29.14元。相关部委牵头，以农村和中西部地区为重点，组织开展文化信息资源共享工程、广播电视村村通、农家书屋、农村电影放映工程、

"相约北京——2008"活动之一 2008 奥林匹克美术大会（Olympic Fine Arts 2008）是国际奥委会主办，文化部、北京奥组委支持的一项国家级、国际性的艺术展示和文化交流活动。

乡镇综合文化站建设等文化惠民工程，加快城乡文化一体化发展。到 2012 年，覆盖城乡的公共文化服务设施网络基本建立。文化馆和国有博物馆、纪念馆、美术馆逐步实行免费开放制度，改善文化民生。

国家实施中华文化"走出去"战略。1978 年后，中国的对外文化交流主要是将西方发达国家的文化技术、文化资本、文化产品"引进来"。中国加入世界贸易组织后，文化产品进出口贸易逆差严重，如版权贸易逆差达 15∶1。为改变被动局面，2003 年 12 月，国家提出文化"走出去"战略，主动参与国际文化竞争，努力构建全方位、多层次、宽领域对外文化工作的新格局。2004 年开始创办孔子学院，推广汉语言。国家之间协议举办互惠的"文化节""文化周""文化季""文化年"等活动，在文化交流中增进对彼此文化的了解。中共十七大进一步提出推动中华文化"走出去"，提高国家文化软实力。加快海外中国文化中心建设，2010年开始举办海外"欢乐春节"活动；实施中国图书国际推广工程、文化传播海外基础工程。中央电视台、中国国际广播电台加强国际传播能力建设，提高新闻信息的原创率、首发率、落地率。2008年的奥运会、2010年的世博会，是中外文化交流的世界盛会，充分展现了人类文明的多样性。"相约北京——2008"活动与北京奥运会紧密配合，引进80多个国家和地区的110个国际艺术团体，近万名艺术家参与其中，观众规模超过300万，是新中国成立以来规模最大的国际文化交流活动，成为"人文奥运"的最佳注脚。上海世界博览会也向世界传递了中国多元、开放、包容、绿色、合作、和谐的发展理念。

随着2010年中国跃升为全球第二大经济体，中共中央于2011年

2018年4月20日，读者在广西书展社会主义先进文化出版物展区挑选图书。

10月召开十七届六中全会，专题研究文化建设面临的新情况新问题，通过了《关于深化文化体制改革　推动社会主义文化大发展大繁荣若干重大问题的决定》，提出了建设社会主义文化强国的战略目标，即着力推动社会主义先进文化更加深入人心，推动社会主义精神文明和物质文明全面发展，不断开创全民族文化创造活力持续迸发、社会文化生活更加丰富多彩、人民基本文化权益得到更好保障、人民思想道德素质和科学文化素质全面提高的新局面，建设中华民族共有精神家园，为人类文明进步作出更大贡献。

新时代的社会主义文化强国建设

中共十八大承前启后，开启了中国特色社会主义新时代。面对世界多极化、经济全球化、文化多样化、社会信息化深入发展的新形势，习近平强调，要增强文化自信，提高文化软实力，坚持中国特色社会主义文化发展道路，推动中华优秀传统文化创造性转化、创新性发展，继承革命文化，发展社会主义先进文化，激发全民族文化创新创造活力，建设社会主义文化强国。

◎坚定文化自信与文化的使命

文化是民族的血脉。没有中华文化的繁荣兴盛，就没有中华民族的伟大复兴。一个民族的复兴需要强大的物质力量，也需要强大的精神力量。没有先进文化的积极引领，没有人民精神世界的极大丰富，没有民族精神力量的不断增强，一个国家、一个民族不可能屹立于世界民族之林。2013年8月以来，习近平主持召开了思想宣传、文艺、新闻舆论、网络信息安全、党校、高校思想政治工作、哲学社会科学工作等一系列文化工作座谈会，发表讲话提出一系列重要论断。党中央密集出台一系列文件，国家加快文化领域的立法，落实文化建设的新思想新理念，为文化建设提供政策支撑、机制保障。

文化自信，是 2011 年胡锦涛在庆祝中国共产党成立 90 周年大会上的讲话中首次提出的。中共十七届六中全会重申了这一思想。中共十八大以来，进一步丰富文化自信的思想内涵。

文化自信是具有时代性的命题。它既是基于近代先进的中国人在民族苦难和奋斗中民族自强和文化自觉的展示，又是当代中国为实现民族伟大复兴对文化自信和文化自觉的迫切需要；既是全体中国人文化自强的前提，也是对百余年由于受侵略受压迫造成的某些人心中残存的民族自卑情结的解扣，更是对文化虚无主义的回击。文化自信，离不开对中华民族历史的认知和传承。中国是世界性的文明古国，有着灿烂辉煌的文化，中国人民是充满文化自信的。"在中华民族的开化史上，有素称发达的农业和手工业，有许多伟大的思想家、科学家、发明家、政治家、军事家、文化家、艺术家，有丰富的文化典籍。"19世纪中叶以前，中华民族是充满文化自信的。中国是世界四大文明古国之一。中国人民在几千年历史长河中，从思想到器物，从制度到文化，从艺术到科技，都创造了辉煌成就。春秋战国时期，中国就产生了老子、

2017 年 10 月 1 日，观众在北京展览馆"砥砺奋进的五年"大型成就展"文化自信"展区参观。

山东曲阜孔子文化园中的《论语》碑苑

孔子、庄子、孟子、墨子、孙子、韩非子等伟大思想巨匠，他们提出了"协和万邦，四海一家""大道之行，天下为公"等社会理想愿景，"道之以德，齐之以礼""兼爱非攻""和而不同"等社会治理方案，"天人合一""合同异、离坚白""齐物论、逍遥游"等思维方式。中国有"半部《论语》治天下"之说。《论语》是孔子及其弟子的语录集，共计20篇492章15900字，在中国古代社会治理中发挥了很大的作用与影响。孔子还编有五经，其中，《诗》是他的文学美学精神体现，《书》是他的政治学哲学，《礼》是礼学和教育学，《易》是哲学，《春秋》是史学，内容丰富。

公元前221年，秦始皇统一六国，书同文，车同轨，统一了度量衡，推行了郡县制，奠定了维持中国统一的文化和政治基础。中国"大一统"的传统，自秦统一之后就一脉相承。汉字、儒家思想、家族与政治伦理、太学与科举制度等中华文化在东亚传播，影响了朝鲜、日本、越南、南洋诸岛，到唐代已基本形成儒家文化圈，礼制天下、世界大同的儒家思想是当时共同的价值理念。中国发明的造纸术、火药、印刷术、指南针等对世界影响深远：纸张的出现、印刷术的发明对文化教育发展有莫大贡献；火药为西方城市市民用大炮轰开贵族城堡立下了汗马功劳；没有指南针，就不会有地理大发现，就没有航海大冒险。中国人在天文、算学、医学、农学等多个领域创造的成果对世界文明进步贡献巨大。中国建设了万里长城、都江堰、大运河、故宫、布达拉宫等气势恢弘的伟大工程。在文学艺术方面，在每一个历史时期，中华民族都留下了无数不朽作品，创作了从诗经、楚辞、汉赋，到唐

2011年9月28日，中国石油大学国际教育学院的留学生向孔子塑像敬献鲜花。

诗、宋词、元曲、明清小说等伟大文艺作品，传承了格萨尔王、玛纳斯、江格尔等震撼人心的伟大史诗。在明朝中期即16世纪前，中国是世界上经济最发达、文化也最发达的国家，中华文化丰富的传承性、内源性、原创性、连续性，都是其他文化难以比拟的。中华文明也滋养了西方文明，西方启蒙思想家塑造的中国开明君主制度与孔子哲学的典范影响到西方政教改革。

从16世纪末叶开始，欧洲经历了一轮轮战争、革命、工业科技进步、对外扩张的浪潮。伴随着铁与血，西方的货币与武器、商品与宗教、意识形态与组织体系扩展全球。康乾盛世之后，由于封建统治者抱残守缺和封闭自守，中国开始衰落、边缘化，文化东消西长。中华传统文化在尚未达到自我扬弃以实现时代转换的时刻，便因遭遇到西方近代文化撞击而进入剧烈的转型时期。鸦片战争中，西方殖民者以炮舰、鸦片和商品打破清王朝封闭的国门。清政府割地赔款，中国山河破碎、生灵涂炭，一步一步沦为半殖民地半封建国家。1900年，八国联军攻入紫禁城，中国被劫掠之后，还被迫付出天价赔偿金4.5亿两纹银。这是当时中国5年的财政收入。侵略者不仅在经济上掠夺中国，而且培植奴化的思想、进行奴化的教育、传播奴化的文化，丑化中华文化。中华民族面临"亡国灭种，瓜分豆剖"存亡危机，一些国人在认知上，由技不如人、制度不如人发展到文化也不如人的文化自卑，认为中国传统文化落后、愚昧，主张彻底抛弃，有人提出了"全盘西化论"。与此同时，中国有识之士则为振兴中华、振兴中华文化而奋斗。

毛泽东在《新民主主义论》中指出："我们共产党人，多年以来，不但为中国的政治革命和经济革命而奋斗，而且为中国的文化革命而奋斗。"目的就是，"我们不但要把一个政治上受压迫、经济上受剥削的中国，变为一个政治上自由和经济上繁荣的中国，而且要把一个被旧文化统治因而愚昧落后的中国，变为一个被新文化统治因而文明

东莞虎门威远炮台及鸦片战争博物馆

先进的中国"。中国共产党"唤起工农千百万，同心干"，领导全国各族人民开展武装斗争，经过 28 年浴血奋战，取得了革命胜利，最终实现了民族独立和人民解放。中华民族站起来了，开辟了中华民族复兴的新历史进程，重振了中华民族的文化自信。新中国初期，中国共产党引导人民当家做主，普及文化，着力清除人们的殖民地心态，重新恢复中华民族生气勃勃的创造力，焕发了精神，重建了文化自信。

改革开放以来，中国实施赶超战略，学习西方发达资本主义国家的先进科学技术、管理经验和优秀文化成果，一些人又产生了盲目崇拜西方文化、全盘否定民族文化传统的极端思想，把西方模式奉为圭臬。事实上，中国特色社会主义伟大实践推动了经济实力、科技实力、国防实力、综合国力不断进步，人民生活水平不断提高。1978年至2017年，中国国内生产总值从3679亿元增至90.03万亿元；人均国内生产总值从385元增至59660元，扣除价格因素，比1978年增长22.8倍，年均实际增长8.5%。中国人均国民总收入由1978年的200美元提高到2017年的8690美元，超过中等偏上收入国家平均水平。中国城镇和农村居民人均可支配收入分别由1978年的343元、134元增长至2017年的36396元和13432元。2017年，全国居民人均消费支出18322元，扣除价格因素，比1978年实际增长18倍，年均增长7.8%。消费层次由温饱型向全面小康型转变。1978年，城镇和农村居民家庭恩格尔系数分别为57.5%和67.7%，2017年分别下降至28.6%和31.2%。中国人类发展指数大幅提高，从1980年的0.423提高到2017年的0.752，逐步从低人类发展水平国家跃升至高人类

上海某批发市场，摄于2018年7月。

2017 年 11 月 29 日，四川南充蓬安县第六届中小学生艺术节上，一位老师正在讲解画作《穿越欧亚》。

发展水平国家。在 1990 年处于低人类发展水平组别的 47 个国家中，中国是目前唯一跻身高人类发展水平组的国家。中国科技实力正迅速提升。2018 年，中国研究与试验发展经费支出超过欧盟 15 国平均水平，研发人员总量居世界第一，发明专利申请量和授权量居世界首位。世界知识产权组织等发布的全球创新指数显示，2019 年，中国国家创新能力排名升至全球第 14 位。中国在量子通信、超级计算、航空航天、深海探测、超级计算、卫星导航、人工智能、第五代移动通信网络（5G）等领域处于世界领先地位。2018 年，中国小学学龄儿童净入学率 99.95%，初中阶段毛入学率 100.9%，高中阶段毛入学率

88.8%，高等教育毛入学率达到 48.1%，即将由高等教育大众化阶段进入普及化阶段。

美国学者弗朗西斯·福山因此修正了自己的观点，认为"中国模式"的有效性证明西方自由民主并非人类历史进化的终点。福山曾于 1989 年发表了一篇文章，认为以美国为首的西方的自由民主的道路最终一定胜出，而社会主义道路一定失败。事实上，每个国家都有自己的历史，都有自己的国情，一国的政治制度只要符合自己的历史和国情，就是一种好的制度。中国特色社会主义道路的巨大成功，为中国重新审视中华文化、树立文化自信提供了契机。

习近平提出坚定文化自信，不仅从文化学的意义来定义文化，而且从中华民族复兴、世界社会主义五百年、人类文明发展的三大历史空间维度认识文化问题，丰富了文化认识的向度，引导国人增强民族文化认同，树立和坚持正确的历史观、民族观、国家观、文化观，拓

2018 年 11 月 2 日晚，"佛山韵律 秋醉岭南"2018 广东（佛山）非遗周暨秋色巡游活动在佛山市祖庙历史文化街区盛大启动。

展了新时代文化建设的格局。

人类文明有不同的发展路径，每个国家、每个民族都有权选择适合自己的现代化道路。习近平指出："世界上没有放之四海而皆准的发展模式"，"我们愿意借鉴人类一切文明成果，但不会照抄照搬任何国家的发展模式"。中国实现现代化需要博采东西方各家之长，但必须立足国情。中国有5000多年的文明史，有960万平方公里的陆地国土，有14亿人口，有非常独特的文化传统、历史命运、现实国情，坚守但不僵化，借鉴但不照搬，在不断探索中形成了自己的发展道路，书写了属于自己的现代性内涵。"当今世界，要说哪个政党、哪个国家、哪个民族能够自信的话，那中国共产党、中华人民共和国、中华民族是最有理由自信的。"因此，要对自身的文化价值有充分的肯定，对自身的文化生命力有坚定的信念。西式现代性只是现代性的一个版本，而非唯一版本。西方模式是实现现代化的一种选择，而非唯一选择。中国要完成现代化任务，实现"两个一百年"奋斗目标，必须坚持走中国道路。"坚定文化自信，是事关国运兴衰、事关文化安全、事关民族精神独立性的大问题。""人民有信仰，国家有力量，民族有希望。"因此，2016年在庆祝中国共产党成立95周年大会上，习近平正式提出"坚持中国特色社会主义道路自信、理论自信、制度自信、文化自信"的命题，把文化自信与原来形成的"三个自信"并列，成为"四个自信"，并解释了文化自信在"四个自信"中的独特作用，即文化自信是"更基础、更广泛、更深厚的自信"，强化了文化自信的精神支撑作用。习近平指出：没有高度的文化自信，没有文化的繁荣兴盛，就没有中华民族伟大复兴。

◎坚持以人民为中心的创作导向

为繁荣发展社会主义文艺，2014年10月15日，习近平主持召开文艺工作座谈会。2015年10月，中共中央印发《关于繁荣发展社会

湖北省宜昌市夷陵区民间艺人创作的体现社会主义核心价值观精神的版画作品

主义文艺的意见》。2016 年 11 月 30 日，习近平在中国文联十大、中国作协九大开幕式上发表长篇讲话，同文艺界深入交流，就如何认识文艺、如何发展文艺、如何领导文艺、如何坚定不移走中国特色社会主义文艺道路这些根本问题发表意见。

他认为，社会主义文艺，从本质上讲，就是人民的文艺。"人的问题，是一个根本的问题，原则的问题。"人民既是历史的创造者，也是历史的见证者，只有牢固树立马克思主义文艺观，真正做到以人民为中心，文艺才能发挥最大正能量。以人民为中心，就是要把满足人民精神文化需求作为文艺和文艺工作的出发点和落脚点，把人民作为文艺表现的主体，把人民作为文艺审美的鉴赏家和评判者，把为人民服务作为文艺工作者的天职。他要求抵制急功近利、粗制滥造，强调文艺不能当市场的奴隶，不要沾满了铜臭气。要坚守文艺的审美理想、保持文艺的独立价值，合理设置反映市场接受程度的发行量、收视率、点击率、票房收入等量化指标，既不能忽视和否定这些指标，又不能把这些指标绝对化，被市场牵着鼻子走。

要加强文艺队伍建设，造就一大批德艺双馨名家大师。习近平鼓励作家深入生活、扎根人民，顺应人民意愿、反映人民关切，始终把人民的冷暖、人民的幸福放在心中，把人民的喜怒哀乐倾注在自己的笔端，讴歌奋斗人生，刻画最美人物，成为引导读者向善、向上、向美的燃灯者，为人民群众创作能够温润心灵、启迪心智，传得开、留得下的作品。他提出了"四个坚持"的要求：坚持与时代同步伐，坚持以人民为中心，坚持以精品奉献人民，坚持用明德引领风尚。他要求文艺文化工作者，"不仅要在文艺创作上追求卓越，而且要在思想道德修养上追求卓越，更应身体力行践行社会主义核心价值观，努力做到言为士则、行为世范"。

◎全面深化文化体制改革

全面深化改革是中共十八大以来提炼形成的改革新主题。经过30多年的改革开放实践，宏观上走出了"摸着石头过河"的阶段，2013年中共十八届三中全会对文化体制改革作出顶层设计。2014年2月通过的《深化文化体制改革实施方案》，注重改革的系统性、整体性和协同性，以激发全民族文化创造活力。该实施方案具有三个鲜明特点。一是注重文化体制与经济、社会、行政管理体制改革的统筹协同。二是强调文化体制改革要着力统筹几个关系。第一是意识形态属性与商品属性的关系。既要把握文化发展规律，突出文化教育人民、引导社会的功能，又要符合市场经济规律，注重通过市场机制实现文化再生产、文化消费和文化传播。第二是文化事业和文化产业的关系。文化事业坚持政府主导、财政支持，保障人民基本文化权益；文化产业坚持市场主导、企业主体，满足人民群众多层次多方面多样化的精神文化需求。第三是社会效益和经济效益的关系。文化事业、文化产业只

2011 年 3 月 1 日，辽宁沈阳市民在一电影院购票看电影。

是运行方式的差别，而承载的精神内容是一致的。无论是文化事业单位还是文化企业，都要始终把社会效益摆在首位，重视文化创作生产的内容质量和文化内涵，努力实现社会效益与经济效益的有机统一。第四是文化传承与文化创新的关系。既要大力弘扬中华优秀传统文化，延续好中国的历史文脉，又要结合时代要求、借鉴国外优秀文化成果，推陈出新、大胆创新，使中华文化与时俱进、不断发扬光大。三是突出改革方案具体化、项目化、责任化，共开列出 25 项 104 条重要改革举措及工作项目，明确时间进度，确保各项改革任务能落地、见效，实现重点、难点改革的突破，激发全民族文化创造活力。

2017 年 5 月，《国家"十三五"时期文化发展改革规划纲要》发布，明确文化发展改革的目标任务。（1）广泛普及马克思主义中国化最新成果，显著提高国民思想道德素质、科学文化素质和社会文明程度。（2）精神文化产品创作生产更加活跃繁荣，哲学社会科学创新发展能力不断提升，文化精品不断涌现，网络文化健康发展，社会精神文化生活丰富多彩。（3）逐步建立现代传播体系，传统媒体与新兴媒体融合发展，网络空间更加清朗，社会舆论积极向上。（4）基本建成现代公共文化服务体系。（5）完善现代文化产业体系和现代文化市场体系。（6）基本形成中华优秀传统文化传承体系。（7）完善文化开放格局，扩大中华文化影响力，促进世界文化多样化发展。（8）深化文化宏观管理体制改革，健全微观运行机制，深入推进文化法治建设，完善中国特色社会主义文化制度。

与之配套，中国相继制定出台了国有文化企业两个效益相统一、新闻单位采编播人事制度、文化市场综合执法等 70 个有关改革文件；加快文化领域立法，颁布了《中华人民共和国公共文化服务保障法》《中华人民共和国电影产业促进法》《中华人民共和国网络安全法》《中华人民共和国公共图书馆法》《中华人民共和国英雄烈士保护法》《中华人民共和国国歌法》，制定修订 19 个行政法规，出台一系列部门规章；完善文化宏观管理体制，完成中央和省级新闻出版广电机构整合。这为新时代的中国特色社会主义文化建设提供了基本依据，开启了文化建设的新征程。

第二章　思想道德建设

文化为中华民族伟大复兴提供坚强的思想保证、强大的精神力量、丰润的道德滋养。坚持社会主义核心价值体系是新时代文化建设的基本方略。坚持马克思主义指导，树立共产主义远大理想和中国特色社会主义共同理想，培育和践行社会主义核心价值观，推动中华优秀传统文化创造性转化、创新性发展，不断提高人民思想觉悟、道德水平、文明素养，是当代中国思想文化建设的重要内容。

马克思主义何以成为指导思想

以马克思主义为指导，是中国特色社会主义文化建设的内在要求。马克思主义是人类思想史上最重要的科学认识成果，是在批判地继承德国古典哲学、英国政治经济学和法国空想社会主义等诸多人类文明成果的基础上确立和发展起来的。当年马克思、恩格斯创立自己的学说时，首先批判地吸收了以往哲学史特别是德国古典哲学的积极成果，创立了"新唯物主义"的马克思主义哲学，实现了哲学史上的根本变革，成为一种科学世界观和方法论。借助这种科学世界观和方法论，马克思和恩格斯科学地揭示了人类社会发展的一般规律和一般趋势。他们在实践基础上通过分析生产力与生产关系、经济基础与上层建筑的矛盾关系及其辩证运动，揭示了人类社会发展的一般规律，特别是从政治经济学的层面上揭示了资本主义生产方式的内在矛盾及其运动规律，阐明了由于资本主义存在着一个无法克服的矛盾，即资本主义私有制与社会化大生产之间的矛盾，社会主义必然取代资本主义，共产主义是人类社会发展的必然趋势，使社会主义从空想变成了科学。

马克思主义的贡献表现在两个方面。一是提供了认识世界与改造世界的科学方法，即唯物主义和批判的、革命的辩证法。马克思主义把认识世界和改造世界的基本视角引向"群众的世界"，由此根本变革了把视角仅仅局限于"理论家的世界"的致思传统。站在群众立场审视世界和变革世界，马克思主义根本变革了传统理论认识世界的基本立场，并由此确立了自身的基本立场，即人民群众的立场。二是提供了认识世界与改造世界的科学判断。在马克思、恩格斯看来，人类社会的发展，是生产力和生产关系矛盾运动的结果。生产关系一定要适应生产力的发展状况，是一切社会发展的普遍规律。因此，社会变革的根本动力是社会物质生产力的发展及其与现存生产关系之间的矛盾。人们的意识或者观念都是人们对其社会存在的反映。这样，社会变革既需要一定物质生产发展作为物质前提，又需要一定精神生产发展作为精神前提。只有条件都具备的时候，社会变革才有可能，其目标才能实现。人类社会的发展需经历"人的依赖关系"到"物的依赖关系"再到"个人全面发展"这样一个由低到高的发展过程。无产阶级革命就是在解放全人类的基础上解放自身，最终通过"每个人的自由发展"来实现"一切人的自由发展"。无产阶级需要同时在物质上和精神上武装起来，才能由潜在的"主体"变为现实的"主体"，才能最终实现自己的目的。"新唯物主义"方法是建立在马克思主义群

2018年5月4日，中国邮政工作人员展示即将销售的马克思200周年诞辰纪念邮票。

众观的基础之上的。

马克思主义第一次站在人民的立场探求人类自由解放的道路，以科学的理论为最终建立一个没有压迫、没有剥削、人人平等、人人自由的理想社会指明了方向。马克思主义不是书斋里的学问，而是为了改变人民历史命运而创立的，是在人民求解放的实践中形成的，也是在人民求解放的实践中丰富和发展的，为人民认识世界、改造世界提供了强大的精神力量。

马克思主义进入中国，有现实的需求。在中华民族陷入半殖民地半封建社会的黑暗深渊时，为挽救国家和民族危亡，中国无数仁人志士不屈不挠、前仆后继，进行了可歌可泣的斗争，太平天国运动、戊戌变法、义和团运动、辛亥革命接连而起，但农民起义、君主立宪、资产阶级共和制等种种救国方案都相继失败了；改良主义、自由主义、社会达尔文主义、无政府主义、实用主义、民粹主义、工团主义等"你方唱罢我登场"，但也没能解决中国的前途和命运问题。1917年俄国十月革命的胜利，验证了马克思主义、列宁主义，对于一直在黑暗中摸索的中国人民产生了强大的吸引力，中国先进分子看到了解决中国问题的出路，对马克思主义的研究和传播由自发进入自觉，并成为马克思主义者。在马克思列宁主义同中国工人运动的结合过程中，1921年中国共产党应运而生，担负起为人民谋幸福、为民族谋复兴的历史使命，也为中国现代文化的建设提供了坚强的组织保证。

但产生于19世纪的西方学说，提供的是认识问题和解决问题的基本立场、基本方法、基本观点，不可能对如何解决中国问题提供现成的具体答案。恩格斯指出："马克思的整个世界观不是教义，而是方法。它提供的不是现成的教条，而是进一步研究的出发点和提供这种研究使用的方法。"马克思主义并没有结束真理，而是开辟了通向真理的道路。对他们理论中一般原理的实际运用"随时随地都要以当时的历史条件为转移"。面对农民占人口的绝大多数，落后分散的小

2018年5月3日，"从布鲁塞尔到上海——《共产党宣言》170周年主题展"在上海思南书局举行。

农经济、小生产及其社会影响根深蒂固，又遭受着西方列强侵略和压迫，经济文化十分落后的特殊国情，在经历了照搬俄国十月革命城市武装起义经验遭受挫折的情况下，以毛泽东为代表的中国第一代马克思主义者，确定了马克思主义的普遍真理与中国具体实际相结合的方针，开始了马克思主义中国化的事业，弄清了中国革命的性质、对象、任务、动力，开辟了以农村包围城市、最后夺取全国胜利的革命道路，建设了一个用科学理论和革命精神武装起来的、同人民群众有着血肉联系的、思想上政治上组织上完全巩固的马克思主义政党，以及一支具有一往无前精神、能压倒一切敌人而决不被敌人所屈服的新型人民军队，团结全民族最大多数人共同奋斗。经过28年浴血奋战，中国共产党推翻了帝国主义、封建主义、官僚资本主义的统治，夺取了新民主主义革命胜利，建立了中华人民共和国，实现了几代中国人梦寐以求的民族独立和人民解放，彻底结束了旧中国一盘散沙的局面，实现了中国高度统一和各民族空前团结，彻底废除了外国列强强加给中国的不平等条约和帝国主义在中国的一切特权，实现了中国从几千年封建专制政治向人民民主的伟大飞跃，近代以来久经磨难的中华民族从此站起来了！

　　"自从中国人学会了马克思列宁主义以后，中国人在精神上就由被动转入主动。从这时起，近代世界历史上那种看不起中国人、看不起中国文化的时代应当完结了。"这是中国化的马克思主义在中国的各种思潮中胜出的原因，也是中国大部分知识分子不仅接受中国共产党的领导，而且认同马克思主义的思想基础。

2018年5月，"真理的力量"——纪念马克思200周年诞辰主题展览在中国国家博物馆举行。

马克思和恩格斯从资本主义社会向何处去，人类向何处去，无产阶级和人类如何获得解放，如何才能实现一个人的自由全面发展这些问题出发，来建立马克思主义学说，具有思想感召力。马克思主义是包括自然科学、社会科学、思维科学广泛领域知识在内的科学理论体系。马克思主义中国化的思想成果更具有中国文化特征，构成中国社会主义文化的主体内容，并随着实践的发展而不断发展。马克思主义中国化的第一大理论成果是毛泽东思想，它不仅提供了科学认识中国和改变中国的基本方法、基本立场和基本观点，而且具有广泛的社会基础和群众基础，关切广大人民群众的社会现实，并能够把握时代的脉搏，把理论同实践进行有机结合，体现了大众性、先进性，而且具有继承性、民族性。中国化的马克思主义根植于中华民族的沃土，很多重要内容都直接来源于优秀传统文化，具有明显的"中国作风""中国气派"。如"实事求是"这个词最早出自《汉书》，毛泽东对其加以马克思主义的解释，就成了中国共产党的思想路线。刘少奇把树立实事求是的作风，作为加强党性的第一个标准。忠、孝、仁、义，是中国传统的道德观，毛泽东给予其新的解释：要特别忠于大多数人民，孝于大多数人民，而不是忠孝于少数人。对大多数人有益处的，叫做仁；对大多数人利益有关的事情处理得当，叫义。对农民的土地问题、工人的吃饭问题处理得当，就是真正的行仁义（《关于国民精神总动员的号召》）。他阐释马克思主义唯物论关于群众的观点时简洁明了：人民才是创造历史的动力，群众是真正的英雄，人民的利益是我们事业的出发点和归宿。他把"为人民服务"五个字立为共产党的宗旨，把马克思主义的人民性与价值追求完全中国化。毛泽东用中国人熟悉的文化传统知识和中国人民的新实践阐释并发展了马克思主义理论，其中的新思想、新道德也丰富发展了中国新文化。许多人通过听毛泽东的讲话和读毛泽东著作开始了解和接受马克思主义。

　　中国共产党对文化人民性的强调、对文化工作者社会责任感与使命感的关注，以及领袖人物的身体力行，增强了马克思主义对中国文化界的吸引力与感染力。毛泽东学历不高，但学识丰富，堪称一位伟大的哲学家、思想家、社会科学家。他撰写的《矛盾论》《实践论》等哲学名篇至今仍具有重要指导意义，他的许多调查研究名篇对中国社会作出了鞭辟入里的分析，是社会科学的经典之作，其政论文章能把枯燥的政治道理阐释得深入浅出、生动活泼。他在书法、诗词等领域也有很高的造诣，瑰奇的诗篇吸引并熏陶了几代中国人。如1945年在重庆谈判期间公开发表的写于1936年的《沁园春·雪》，上片描写北国壮丽的雪景，抒发了词人对祖国壮丽河山的热爱，下片议论抒情，重点评论历史人物，歌颂当代英雄，熔写景、议论和抒情于一炉，意境壮美，气势恢宏，感情奔放，胸襟豪迈，风调独绝，加上他笔走龙蛇、酣畅淋漓、大气磅礴的书法，"数风流人物，还看今朝"的豪情，使世人领略了中国共产党人"独领风骚"的神韵，轰动了全国："不管在朝在野，是敌是友，他们都在唱和着"；也激发了各界人士对中国革命的光明前景的信心："今而后，看人间盛事，岁岁朝朝"。后来毛泽东和陈毅、董必武、叶剑英等革命家的诗词陆续发表，进一步奠定了中国共产党的文化形象和建设中华新文化的使命担当，也为马克思主义指导地位的确立奠定了良好的社会基础和群众基础。

为宣传普及马克思主义，新中国成立了专门的编译机构，系统地有计划地翻译马克思、恩格斯、列宁、斯大林的全部著作，出版《毛泽东选集》。新中国初期即开展马列主义的基本理论普及工作，办各种训练班，办军政大学、革命大学，"要让他们学社会发展史、历史唯物论等几门课程"，进行马克思主义启蒙教育。毛泽东为干部开列"干部必读"书目。在苏联专家帮助下，大学开设了马克思主义课程，编写了一系列新教材。毛泽东向各界特别是知识界人士提出以批评和自我批评方法进行自我教育和自我改造的建议。北京大学校长马寅初等12位著名教授发起北大教员政治学习运动。周恩来应邀到北大，向京津地区高校1700多名教师作了题为《关于知识分子的改造问题》的报告，以自己思想改造的亲身体验，阐释知识分子为什么需要改造和怎样改造，明确要求知识分子通过改造逐渐"从民族的立场进一步到人民立场，更进一步到工人阶级立场"，并指出："工人阶级立场不是那么容易站稳的，需要长期地摸索、学习、锻炼"。

当然，需要思想改造的不只是知识分子。周恩来指出："无产阶级首先要进行自我改造"，"天下没有完人，觉悟程度是逐步提高的，认识也是不断发展的，因此要经常进行自我改造。"领导者并不是专门改造别人的，"只有能自我改造的人，才能改造别人"。他提出领导干部首先要过"思想关"，就是树立辩证唯物主义和历史唯物主义的世界观和人生观。其次是解决立场问题。立场包括民族的立场、人民的立场、工人阶级的立场。这需要在实践中长期摸索、学习、锻炼。"决定的关键是实践，只有实践才能证明是否合乎这样一个立场。"

2017年9月12日，第五届中国诗歌节在湖北宜昌开幕。图为演员朗诵毛泽东的《沁园春·长沙》。

再次是塑造人格品质问题。他认为品质有三类："一是为人的品质；二是革命者的品质，如勇敢、不怕牺牲，联系群众等；三是布尔什维克的品质，如要开展思想斗争，既要联系群众又不做群众的尾巴，要有高度的纪律性。"周恩来身体力行，把道德修养看成党员终生的必修课。"活到老，学到老，改造到老"，是他的名言。周恩来严于律己、廉洁勤奋、大公无私的人格品质，成为世人学习的楷模。

为确立马克思主义唯物主义思想的主导地位，除了正面引导，宣传思想文化战线还对电影《武训传》和《红楼梦》研究中存在的唯心主义思想等进行讨论与批判。因为"在新旧文化的变革过程中，有具体事件、具体人物、具体的思想焦点作为改造对象，自然要比一般地提出问题，宽泛地说有这种倾向，有那种倾向应当改变，更为引人注意，更容易深入"。虽然当时的一些具体做法也有缺点，就是通过政治批判来解决思想认识问题，而不是通过充分的民主讨论来达到分清是非的目的，但是，在中华民族经历了100余年的失魂落魄，绝大多数人马克思主义理论水平很低、对存在的问题认识不清的情况下，不经历这样一系列的自上而下的批判运动，很多思想问题是难以解决的。

坚持用马克思主义中国化最新成果凝聚思想共识

马克思主义理论自身要接受现实的批判和实践的检验，保持开放性，不断与时俱进，随着实践的发展而不断发展。实践发展永无止境，认识真理永无止境，理论创新永无止境。中国共产党人坚持用马克思主义观察时代、解读时代、引领时代，用鲜活丰富的当代中国实践来推动马克思主义发展，用宽广视野吸收人类创造的一切优秀文明成果，坚持在改革中守正出新、不断超越自己，在开放中博采众长、不断完

2018年5月5日是马克思200周年诞辰，来自世界各地的马克思主义者、马克思主义研究者共聚一堂，出席在北京大学召开的"第二届世界马克思主义大会"。

善自己，不断深化对共产党执政规律、社会主义建设规律、人类社会发展规律的认识，不断开辟当代中国马克思主义新境界。

马克思主义进入中国，既引发了中华文明深刻变革，也走过了一段逐步中国化的历程。在革命、建设、改革各个历史时期，中国共产党坚持将马克思主义基本原理同中国具体实际相结合，运用马克思主义立场、观点、方法研究解决各种重大理论和实践问题，不断推进马克思主义中国化，产生了毛泽东思想、邓小平理论、"三个代表"重要思想、科学发展观、习近平新时代中国特色社会主义思想等重大理论成果，极大地丰富和发展了马克思主义，不断开辟了马克思主义在中国发展的新境界。

毛泽东思想是在革命和建设的长期实践中，以毛泽东为主要代表的中国共产党人，根据马克思列宁主义基本原理，形成的适合中国情况的科学指导思想，是被实践证明了的关于中国革命和建设的正确的理论原则和经验总结，是中国共产党集体智慧的结晶。在毛泽东思想指导下，中国取得了新民主主义革命胜利。新中国成立后，执政党团结带领人民迅速恢复了国民经济，医治战争创伤：通过土地改革实现了"耕者有其田"；通过"没收官僚资本"，建立起社会主义性质的国营经济；取得抗美援朝的胜利，保卫了国家安全与世界和平；开启了中国工业化道路的进程，并顺利实现了社会主义三大改造，完成社会主义革命，确立社会主义制度，完成了中华民族有史以来最为广泛

2018年5月5日，观众在"真理的力量"——纪念马克思200周年诞辰主题展览上了解马克思主义中国化的光辉历程。

而深刻的社会变革，为当代中国一切发展进步奠定了根本政治前提和制度基础，实现了中华民族由不断衰落到根本扭转命运、持续走向繁荣富强的伟大飞跃。

伟大的事业不可能一帆风顺，中国在马克思主义中国化方面也走过一段弯路。社会主义基本制度确立以后，如何在中国建设社会主义，是党面临的崭新课题。毛泽东对适合中国情况的社会主义建设道路进行了艰苦探索。他认为社会主义革命和建设的根本目的是解放和发展生产力、满足人民日益增长的物质和文化生活需要。他以苏联的经验教训为鉴戒，提出要创造新的理论、写出新的著作，把马克思列宁主义基本原理同中国实际进行"第二次结合"，找到在中国进行社会主义革命和建设的正确道路，制定把中国建设成为一个强大的社会主义国家的战略思想，把经济落后、文化落后的国家，建设成为富裕的、强盛的、具有高度文化的国家。但他在探索中出现了失误，急于求成，发动"大跃进"，试图通过群众运动来实现经济建设的高速度、社会生产力的大发展，忽视了客观经济规律；过分严重估计了国内外阶级斗争形势和党内错误思想、错误作风问题，发动了"文化大革命"，试图通过抓阶级斗争来促进经济建设和各项事业的发展；在分配领域走向了平均主义，客观上束缚了生产力的发展。

如何看待这样的严重曲折？邓小平认为：一个人只要做工作，没有不犯错误的。一个人讲的每句话都对，一个人绝对正确，没有这回事情。习近平说：在中国这样的社会历史条件下建设社会主义，没有先例，犹如攀登一座人迹未至的高山，一切攀登者都要披荆斩棘、开通道路。毛泽东晚年的错误既有其主观因素和个人责任，也在于复杂的国内国际的社会历史原因，应该全面、历史、辩证地看待和分析。

1978年召开的中共十一届三中全会，以邓小平为主要代表的中国共产党人，重新确立了实事求是的思想路线，实现伟大的历史转变，放弃"以阶级斗争为纲"，坚持以经济建设为中心，开启了改革开放和社会主义现代化建设的新时期；在总结国内外经验的基础上，鲜明地回答了什么是社会主义、怎样建设社会主义这个首要的基本的理论问题，逐步形成了建设中国特色社会主义的路线、方针、政策，阐明了在中国建设社会主义、巩固和发展社会主义的基本问题，创立了邓小平理论，开辟了建设中国特色社会主义的正确道路，推进了马克思主义的中国化。在邓小平理论的指导下，中国开启了"富起来"的新征程。

20世纪80年代末90年代初，国际上东欧剧变、苏联解体，国内1989年发生政治风波。面对严峻复杂的国内外形势，以江泽民为主要代表的中国共产党人，在建设中国特色社会主义的实践中，加深了对什么是社会主义、怎样建设社会主义和建设什么样的党、怎样建设党的认识，积累了治党治国新的宝贵经验，形成了"三个代表"重要思想。"三个代表"重要思想的重点是加强和改进党的建设、推进中国特色社会主义自我完善和发展，丰富和发展了中国特色社会主义理论体系，成功地把中国特色社会主义推向了21世纪。

进入新世纪新阶段，以胡锦涛为主要代表的中国共产党人，抓住重要战略机遇期，在全面建设小康社会进程中，不断推进实践创新、理论创新、制度创新，根据新的发展要求，深刻认识和回答了新形势下实现什么样的发展、怎样发展等重大问题，形成了以人为本、全面协调可持续发展的科学发展观。科学发展观是马克思主义关于发展的世界观和方法论的集中体现，是马克思主义中国化的重大成果，在新的历史起点上坚持和发展了中国特色社会主义。

中共十八大以来，以习近平同志为核心的党中央团结带领全党全国各族人民，全面审视国际国内新的形势，通过总结实践、展望未来，深刻回答了新时代坚持和发展什么样的中国特色社会主义、怎样坚持和发展中国特色社会主义这个重大时代课题，形成了习近平新时代中国特色社会主义思想。党中央坚持统筹推进"五位一体"总体布局、协调推进"四个全面"战略布局，坚持稳中求进工作总基调，对党和国家各方面工作提出一系列新理念新思想新战略，推动党和国家事业发生历史性变革、取得历史性成就，中国特色社会主义进入了新时代。

综上所述，马克思主义及其在中国的发展，为中国发展提供了既一脉相承又与时俱进的科学理论指导，为增进全党全国各族人民团结统一提供了坚实思想基础。

理论只要说服人，就能掌握群众；而理论只要彻底，就能说服人。中国共产党不仅与时俱进推进理论创新，而且强调以创新的理论来凝聚共识、增进团结。由于中国化马克思主义理论的根基深植于鲜活的社会实践之中，回答了时代之问，因此，党的理论创新每前进一步，理论武装就跟进一步，党的理论创新成果就更加深入人心。毛泽东思想是俄国十月革命已经取得成功、社会主义由理论变为活生生现实并不断发展、世界范围的民族解放运动风起云涌、中国共产党领导的争取民族独立和人民解放的斗争星火燎原这样一个时代背景下的产物。在探索过程中，虽然经历了严重曲折，但毛泽东思想在社会主义革命和建设中取得的独创性理论成果和巨大成就，为在新的历史时期开创中国特色社会主义提供了宝贵经验、理论准备、物质基础。邓小平坚决反对"非毛""去毛"。1980年8月，他会见意大利记者法拉奇，借此向世界宣告："我们不会像赫鲁晓夫对待斯大林那样对待毛泽东。"在充分讨论的基础上，1981年6月中共十一届六中全会通过的《关于建国以来党的若干历史问题的决议》，运用马克思主义的辩证唯物论和历史唯物论总结新中国成立32年来的社会主义革命和建设的经验教训，把毛泽东晚年的错误与毛泽东思想加以区别，彻底否定了"文化大革命"的理论与实践，实事求是地评价了毛泽东的功过是非，全面论述了毛泽东思想体系，指出："毛泽东思想是我们党的宝贵的精神财富，它将长期指导我们的行动。""因为毛泽东同志晚年犯了错误，就企图否认毛泽东思想的科学价值，否认毛泽东思想对我国革命和建设的指导作用，这种态度是完全错误的。"

　　包括邓小平理论、"三个代表"重要思想、科学发展观在内的中国特色社会主义理论体系，是在和平与发展成为时代主题、经济全球化浪潮汹涌而来、中国实行改革开放并取得举世瞩目成就、中国特色社会主义焕发出强大生机活力这样一个时代背景下的产物。改革开放进程中，一直伴随着"社会主义经济会不会在资本主义市场经济大潮中被吞掉，中国共产党会不会在开放大门打开后被腐蚀掉，马克思主义和社会主义价值观会不会被西方主流意识形态根本颠覆"的担心。改革开放之所以能够取得成功，主要是因为做到了以下三点：一是始终跟踪世界潮流，回应时代主题，追寻历史节拍，有着坚定正确的大方向；二是坚守"四项基本原则"的底线，尤其是坚定不移地坚持党领导改革开放；三是实行了正确的战略策略，包括以经济体制改革为突破口的渐进式改革，把"三个是否有利于"（是否有利于发展社会主义社会的生产力、是否有利于增强社会主义国家的综合国力、是否

深圳莲花山山顶的邓小平塑像

有利于提高人民的生活水平）作为检验改革成败的判断标准，建立大胆试、大胆闯和及时总结评价的试验方式及纠错机制等。中共十七大报告回应和整合了改革开放以来人们的关注和争论，对旗帜和道路问题作了明确的表述：中国的旗帜就是中国特色社会主义理论体系，道路就是中国特色社会主义道路。在当代中国，较之于其他主义、思想和信仰，中国特色社会主义理论体系发挥着支持政权、整合社会、凝聚人心、规范生活的重要作用。这是全国各族人民团结奋斗的共同思想基础，是保持中国社会和中国文化发展稳定性和连续性的根本，是建设富裕民主文明和谐的社会主义现代化强国的宝贵政治资源和思想资源。

习近平新时代中国特色社会主义思想，则是在世界发生百年未有之大变局、中国发生历史性大变革、中国特色社会主义取得新的伟大胜利、中华民族伟大复兴展现出前所未有的光明前景这样一个时代背景下的产物。从中共十一届三中全会到中共十八大，中国的改革开放已经走过30多年历程，国外有学者形象地称之为中国改革开放的"上半场"。"上半场"取得了举世瞩目的成就，也存在一些亟待破解的难题。中国用几十年的时间走过了西方发达国家几百年走过的现代化历程，实现了从落后于时代到大踏步赶上时代、引领时代的历史性跨越，迎来了从站起来、富起来到强起来的伟大飞跃，但是在这期间也累积了前所未有的矛盾、风险与挑战。中国共产党还需要应对长期存在的"四大考验"（长期执政的考验、改革开放的考验、市场经济的考验、外部环境的考验）和"四大危险"（精神懈怠的危险、能力不足的危险、脱离群众的危险、消极腐败的危险）。在中国改革开放"下半场"解决"发展起来以后"的问题，推进"深水区"和"险滩中"的改革，需要化解众说纷纭的"中等收入陷阱""塔西佗陷阱""修昔底德陷阱""金德伯格陷阱"。习近平提出，将改革开放进行到底，在新时代全面深化改革新征程中实现中华民族伟大复兴。坚持党对改革的集中统一领导不能变，完善和发展中国特色社会主义制度、推进国家治理体系和治理能力现代化的总目标不能变，坚持以人民为中心的改革价值取向不能变。新时代的全面深化改革必须坚持"四个结合"的改革思路，即坚持思想解放与实事求是相结合、顶层设计与"摸着石头过河"相结合、整体推进与重点突破相结合、胆子要大与步子要稳相结合，确保在宏观层面上增强改革的整体性和协同性，在微观层面上提高改革的针对性与实效性。要强化责任担当，逢山开路，遇水架桥，抓铁有痕，以钉钉子精神有计划有秩序落实改革开放"施工图"，推动改革开放向纵深发展。"老百姓关心什么、期盼什么，改革就要抓住什么、推进什么，通过改革给人民群众带来更多获得感。"

以习近平同志为核心的党中央把握时代发展潮流，顺应时代发展趋势，正确认识时代发展的规律和趋势，创造性地坚持时代本质和时代特征的有机统一，在世界发生百年未有之大变局的历史时代，在社会主义和资本主义两种制度进行新的激烈较量的历史时期，带领中国人民走入中国特色社会主义新时代，开创了科学社会主义发展的新局面，在世界上高高举起了中国特色社会主义伟大旗帜，使新时代中国特色社会主义成为 21 世纪社会主义发展的中流砥柱，使中国特色社会主义道路、理论、制度、文化不断发展，拓展了发展中国家走向现代化的途径，给世界上那些既希望加快发展又希望保持自身独立性的国家和民族提供了全新选择，为解决人类问题贡献了中国智慧和中国方案。

鲁迅先生曾说，惟有民魂是值得宝贵的，惟有它发扬起来，中国人才有真进步。当今，人心是最大的政治，共识是奋进的动力。中国特色社会主义的发展，需要凝聚广大人民群众的智慧和力量，汇聚正能量。为了用党的理论创新成果武装全党、教育人民，中国采取了一系列行之有效的举措：编辑出版《习近平谈治国理政》，编写出版习近平系列重要讲话读本，为人们提供权威学习读物，让人们及时了解

2008年12月16日，《记忆30年》纪念改革开放30周年全国摄影大展在北京王府井大街开幕。

党中央治国理政新理念新思想新战略；加快构建现代传播体系，健全舆情引导机制，强化媒体社会责任，发展壮大主流媒体，切实提高新闻舆论传播力、引导力、影响力、公信力；加强马克思主义理论研究和建设工程、全国性中国特色社会主义理论体系研究中心、高校马克思主义学院、报刊网络宣传阵地等的建设，聚焦人民群众普遍关心的热点问题，主动回应社会关切，用中国理论回答中国问题，用中国话语解读中国道路，推进马克思主义宣传阐释研究；对一切错误的言行"敢抓敢管，敢于亮剑"，"有的放矢，正面交锋"，批判各种错误思潮，同时注意区分政治原则问题、思想认识问题、学术观点问题，引领社会思潮向正确方向发展；围绕抗战胜利70周年、建党95周年、长征胜利80周年、建军90周年、新中国成立70周年等重大活动，开展主题宣传，举办大型文艺晚会，制作播出《将改革进行到底》《法治中国》《大国外交》《巡视利剑》《我们走在大路上》等电视专题片，展示治国理政的实践及成果，汇聚起构筑中国梦的共识。

培育和践行社会主义核心价值观

在价值系统中发挥主导作用的核心价值，从本质上说，是社会制度的本质和统治阶级或主体人群利益的价值体现。核心价值集中体现了意识形态本质，是经济、政治、文化、道德各个领域的基本价值规范，具有引领社会思潮的作用。当代中国的社会主义核心价值，既不能脱离社会主义形态的根本属性，又不能离开中国的文化传统和民族特色。它反映了作为社会主义社会制度下的全体中国人民的核心利益。它的基本制度特性是社会主义制度，它的利益主体是全体人民。

新中国一直重视社会主义核心价值体系建设。中国共产党提倡党员干部要全心全意为人民服务："我们党从最初起，就是为了服务于人民而建立的，我们一切党员的一切牺牲、努力和斗争，都是为了人民群众的福利和解放，而不是为了别的。这就是我们共产党人最大的光荣和最值得骄傲的地方。"为了实现民族独立、人民解放，有370万共产党人牺牲。工作中，共产党人注意时时保持人民公仆本色，如强调"党群关系好比鱼水关系"，"我们一定要警惕，不要滋长官僚主义作风，不要形成一个脱离人民的贵族阶层"，保证党的各级干部始终以平等态度对待劳动者、保持与人民群众的密切联系。实行工人群众、领导干部和技术人员三结合，干部参加劳动，工人参加管理，不断改进劳动生产中人与人的关系。提倡节俭，保持艰苦奋斗的共产党人本色。1958年周恩来到杭州视察，随身带着枕巾、棉褥子、床单、被子；他的被子仍是解放战争时使用的，枕巾则缝缝补补破旧不堪。刘少奇1961年回家乡农村调查43天，有时睡在养猪场饲养员用过的铺了稻草的木板床上，有时睡在县委会议室的一张长方形的会议桌上，有时睡在大队部用两条长凳架着的门板上。在中国共产党领导人民为

2016年6月29日，云南省庆祝中国共产党成立95周年歌咏晚会在昆明举行。

实现四个现代化、建设社会主义强国而进行的奋斗中，人民大众增强了对社会主义新中国的认同感和归属感，富强、民主、平等的理念深入人心，爱国主义、集体主义、社会主义的价值观成为主流。通过学习雷锋、学习王进喜、学习焦裕禄，树立了一个个共产主义道德楷模，"舍己为公"和"舍己为人"成为社会崇尚的美德。但不足的是，这时主要强调个人对集体的服从和奉献的义务，虽然已部分实行却未明确界定公民当家做主的权利。

改革开放使人们的思想信仰、价值观、道德观日益多元化，在蓬勃进取、积极向上成为时代主旋律的同时，以往深入人心的价值观遭遇质疑，某种程度上被解构。比如由《苦恋》改编为《太阳和人》的电影，提出了"你爱这个国家，但这个国家爱你吗"的问询。中国青年杂志刊登了潘晓来信，说感受不到人生的正面的积极的力量，发出了人生的路怎么越走越窄的苦闷呼声。1982年，第四军医大学学员张华为抢救落入粪池中的69岁农民而牺牲，由张华事迹引发的关于"大学生救老农值不值得"的争论，澄清了一个根本问题：在人的生命权利面前，个人和个人之间是没有高低贵贱之分的；对人的生命的维护，是我们共同的道德准则。张华为践行这一准则做出了榜样，他是值得的。这样的问题，放在20世纪50年代是不可思议的。

随着改革的不断深入，拜金主义、享乐主义、个人主义等有所滋长，社会深层矛盾不断凸显，各种利益相互交织，不同观念互相碰撞，社会上蔓延起一种急功近利风气：市场上的投机倒把、假冒伪劣、官商勾结加深；官场上的以权谋私、腐败与作秀增生；各种媚俗庸俗文

1981年，青岛一块广告牌前，新电影《最后一个军礼》的海报吸引了两位海军战士。

1980年青岛造船厂工人参加劳动竞赛的场景

化流行，肆意戏说与篡改历史；学界分化，学风日趋浮躁。一些人信仰缺失，是非界限模糊，美丑不分、荣辱不辨；一些人心态失衡、精神焦虑。突破道德底线的事件时有发生，出现了腐朽落后思想文化沉渣泛起、极端宗教思想抬头的现象，以及道德楷模与自私自利者共存、先进的文化与落后的文化并生的现象，反映出大众的价值诉求的多元与混乱。人们的安全感、幸福感和公平感下降。

为此，中共中央一方面以经济建设为中心，努力解决"人民日益增长的物质文化需要同落后的社会生产之间的矛盾"，另一方面，作出了关于社会主义精神文明建设的决议，加强思想道德建设，培养社会主义"四有"新人。邓小平指出："党和政府愈是实行各项经济改革和对外开放的政策，党员尤其是党的高级负责干部，就愈要高度重视、愈要身体力行共产主义思想和共产主义道德。否则，我们自己在精神上解除了武装，还怎么能教育青年，还怎么能领导国家和人民建设社会主义!"邓小平告诫全党:"风气如果坏下去,经济搞成功又有什么意义?""过去我们党无论怎样弱小,无论遇到什么困难,一直有强大的战斗力,因为我们有马克思主义和共产主义的信仰。有了共同的理想,也就有了铁的纪律。"

2001年初,江泽民提出了以德治国方略,把道德建设提到治国方略的高度,要求"把依法治国与以德治国紧密结合起来","建立与社会主义市场经济相适应、与社会主义法律规范相协调、与中华民族传统美德相承接的社会主义思想道德体系"。在社会主义市场经济条件下,既健全法治,发挥惩罚、震慑、预防作用,同时以德治国,提高人的道德素质,在人心深处形成高尚的道德意识,树立高尚的道德标准,使人恪守诚实、信用、公平、廉洁等道德规范。2001年9月国家颁布《公民道德建设实施纲要》,在全社会大力提倡爱国守法、明礼诚信、团结友善、勤俭自强、敬业奉献的基本道德规范。

2006年10月中共十六届六中全会上首次提出"建设社会主义核心价值体系"的任务,明确这一体系包括马克思主义指导思想、中国特色社会主义共同理想、以爱国主义为核心的民族精神和以改革创新为核心的时代精神、社会主义荣辱观四个方面。2011年10月,中共十七届六中全会强调社会主义核心价值体系是"兴国之魂"。2012年11月,中共十八大报告提出了24个字的社会主义核心价值观:富强、民主、文明、和谐、自由、平等、公正、法治、爱国、敬业、诚信、友善。"富强、民主、文明、和谐"体现国家层面的价值目标;"自由、平等、公正、法治"体现社会层面的价值取向;"爱国、敬业、诚信、友善"体现公民个人层面的价值准则。这三个层面各有侧重,又相辅相成、相互促进,充分体现了社会主义本质要求,继承了中华优秀传统文化,也吸收了世界文明有益成果,体现时代精神,回答了中国要建设什么样的国家、建设什么样的社会、培育什么样的公民的重大问题,是当代中国精神的集中体现,凝结着全体人民共同的价值追求,并体现国家、社会与个体的内在统一，用以引导、规范社会成员的行为，对具体利益矛盾、各种思想差异进行有效引领整合。社会主义核心价值观是社会主义核心价值体系内核的凝练和集中表达，体现社会主义意识形态的本质要求，凝结着社会主义先进文化的精髓，是中国特色社会主义道路、理论、制度、文化的价值表达，具有强烈的实践导向。

　　建设社会主义文化强国，必须培育和践行社会主义核心价值观。2013 年 12 月，中共中央办公厅印发《关于培育和践行社会主义核心价值观的意见》，要求加强社会主义核心价值体系建设，把培育和践行社会主义核心价值观作为凝魂聚气、强基固本的基础工程，作为一项根本任务抓紧抓好。中共十九大报告把坚持社会主义核心价值体系

雄安新区安新县街头社会主义核心价值观宣传牌

列入新时代坚持和发展中国特色社会主义的十四条基本方略之一。

培育和践行社会主义核心价值观，必须以培养担当民族复兴大任的时代新人为着眼点，强化教育引导、实践养成、制度保障，发挥社会主义核心价值观对国民教育、精神文明创建、精神文化产品创作生产传播的引领作用，使之融入社会生活各方面，内化于心、外化于行。

"内圣外王"是儒家思想体系最核心的价值理念，强调君子人格的养成。党中央把家风建设作为领导干部作风建设重要内容，要求各级领导干部特别是高级干部继承和弘扬中华优秀传统文化，继承和弘扬革命前辈的红色家风，向焦裕禄、谷文昌、杨善洲等同志学习，做家风建设的表率，把修身、齐家落到实处，教育督促亲属、子女和身边工作人员走正道。

培育和践行社会主义核心价值观，必须从家庭做起、从娃娃抓起、从学校抓起。家庭是社会的基本细胞，是人生的第一所学校，对一个人的价值观的养成有重要影响。要注重家庭、注重家教、注重家风，发扬光大中华民族传统家庭美德，促进家庭和睦，促进亲人相亲相爱，促进老有所养、幼有所长，从家庭做起培育和践行社会主义核心价值观，形成爱国爱家、孝老爱亲、诚信崇德、勤劳节俭的文明新风尚。"少成若天性，习惯之为常。"从学校抓起，就要把社会主义核心价值观的基本内容和要求渗透到学校教育教学之中，体现在学校日常管理中，做到进教材、进课堂、进头脑，教育引导广大青少年树立远大志向，培育美好心灵，勤学、修德、明辨、笃实，扣好人生第一粒扣子，打牢思想之基、价值观之基。

培育和践行社会主义核心价值观，必须立足中华优秀传统文化和革命文化。中华文明绵延数千年，创造了博大精深的中华文化，有其独特的价值体系。中华优秀传统文化已经成为中华民族的文化基因，植根在中国人内心深处，潜移默化地影响着中国人的思维方式和行为方式，应予以发扬光大。革命文化是中国革命和建设光荣历史的见证，

2018年11月16日，青海省庆祝改革开放40周年暨社会主义核心价值观少儿合唱音乐会在青海大剧院举行，5个少儿合唱团成员齐唱《我们是共产主义接班人》。

渗透着中国共产党人的崇高理想，凝聚着广大人民群众的高尚道德和优良品质，包含了体现社会主义、共产主义价值目标的精神形态，要大力传承和弘扬。培育和践行社会主义核心价值观，还必须发扬中国人民在长期奋斗中培育、继承、发展起来的伟大创造精神、伟大奋斗精神、伟大团结精神和伟大梦想精神。幸福是奋斗出来的。

培育和践行社会主义核心价值观，要通过文艺作品传递真善美，传递向上向善的价值观，引导人们增强道德判断力和道德荣誉感，向往和追求讲道德、尊道德、守道德的生活。在发展社会主义市场经济条件下，还要处理好义利关系，认真严肃地考虑文艺作品的社会效果，讲品位，重艺德，为历史存正气，为世人弘美德，为自身留清名。

2017年12月20日，退伍老军人戴恒勤向安徽铜陵天津路小学的学生们介绍其叔父抗日名将戴安澜将军的家风家训故事。

在精神文明创建活动中，要强化道德示范引领作用，弘扬真善美、抑制假恶丑，营造崇德向善、见贤思齐的社会氛围。全国各地各部门经常发动基层群众分层推选时代楷模、道德模范、最美人物、身边好人、向上向善好青年等先进典型，评选各行各业先进人物，以充分展现当代中国人的精神风貌，促进全社会文明程度提升。2015年12月，中共中央印发《关于建立健全党和国家功勋荣誉表彰制度的意见》，提出构建党内、国家、军队功勋荣誉表彰制度体系，推动全社会形成崇尚英雄、捍卫英雄、学习英雄、关爱英雄的良好氛围。各地还通过升国旗、成人礼、入党入团入队等仪式，通过重大纪念日、民族传统节日等礼仪，宣示社会主义核心价值观。

制度是保障。制度管根本、管长远。价值观的培养和践行，需要制度保驾护航。2016年底，中央发布《关于进一步把社会主义核心价值观融入法治建设的指导意见》，推动社会主义核心价值观入法入规。

该指导意见提出，把核心价值观融入法治国家、法治政府、法治社会建设全过程，贯穿于立法、执法、司法、守法各环节，使法治建设体现鲜明的价值导向，惩恶扬善、扶正祛邪。在 2017 年开始施行的《中华人民共和国民法总则》中，弘扬社会主义核心价值观成为重要立法宗旨之一。

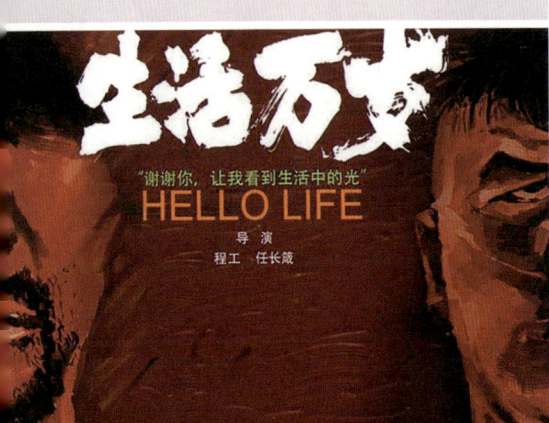

第三章 百花齐放的社会主义文艺

　　文学艺术是中国社会文化生活的主体，是中国走向现代化的精神风向标。当代中国的文学艺术有自己的独特内涵：优秀作品不拘于一格、不形于一态、不定于一尊，既有阳春白雪，也有下里巴人；优秀作品是能够真正深入人民精神世界、触及人的灵魂、引起人民思想共鸣的力作；而文艺创作最根本、最关键、最牢靠的办法是坚持以人民为中心的创作导向，扎根人民、扎根生活。同时，文艺要塑造人心，创作者首先要塑造自己，养德和修艺是分不开的。

2016 年 9 月 8 日，"翰墨传承——中国美术馆当代书法邀请展"在中国美术馆开幕。

活跃的中国文艺

　　一个时代有一个时代的文艺，一个时代有一个时代的精神。任何一个时代的经典文艺作品，都是那个时代社会生活和精神的写照，都具有那个时代的烙印和特征。现实主义创作是中国传统的艺术品格。中国古代从诗经、楚辞、汉赋，到唐诗、宋词、元曲、明清小说中的名篇佳作，大都高扬现实主义创作精神。中国现当代文学更是与现实主义相生相伴。鲁迅、茅盾、巴金、老舍、曹禺等作家，都是现实主义创作的大师，《狂人日记》《子夜》《寒夜》《四世同堂》《日出》

等作品都富于革命现实主义特征。

中国共产党坚持文艺为人民服务，始终坚持人民本位，主张文艺创作应该用心用情了解各种各样的人物，关注他们的实践和多彩的生活，不断积累艺术素材，不断进行美的发现和美的创造。这是对现实主义创作传统的继承。赵树理的《小二黑结婚》、李季的《王贵与李香香》、孙犁的《荷花淀》、丁玲的《太阳照在桑干河上》、袁静与孔厥的《新儿女英雄传》、梁斌的《红旗谱》、杨沫的《青春之歌》、曲波的《林海雪原》、冯德英的《苦菜花》、欧阳山的《三家巷》、李英儒的《野火春风斗古城》等"红色经典"都是新文学中现实主义的力作。

在社会主义建设时期，人民文艺得以进一步兴盛发展。当代小说家柳青终身奉行"要想写作，就先生活"的原则，在社会生活之中寻找创作的源泉。他说："作家的倾向，是在生活中决定的；作家的风

2011年3月16日，话剧《四世同堂》在青岛大剧院开启2011年全国巡演首演大幕。

格，是在生活中形成的。"为了解农民群众的精神风貌，他辞去陕西长安县县委副书记的工作，全家定居在皇甫村，生活了14年，用心地体验、观察、思考当时的农村、农业和农民问题，收集了很多素材，创作了《创业史》《狠透铁》等作品。柳青对象化实践的经验，也成为当代陕西文学的一种创作传统，带动了路遥、陈忠实、贾平凹、陈彦等一批现实主义作家，影响了中国当代现实主义文学的创作方向。路遥深入陕北农村、城镇，体察民生，创作出全景式反映1975—1985年中国巨大历史性变迁、农村青年成长的小说——《平凡的世界》，作为礼物献给他"生活过的土地和岁月"。该书出版之后广受好评，被认为是具有博大恢弘"史诗般品格"的现实主义力作，是中国当代文学的重要收获，1991年获得中国最高文学奖"茅盾文学奖"。迄今，累计印数超过1700万套，在当代小说作品中名列前茅。他说："我是带着深挚感情来写中国农民的，我觉得对他们先要有深切的体验，才能理解他们，写好他们。"

改革开放后，中国文学创作迭次掀起"伤痕文学""反思文学""改革文学"等波浪，由短篇小说先行、中篇小说崛起、长篇小说勃兴主导了40年文学锐意进取的历史进程，铸就了文学成果卓著的丰繁盛景。如蒋子龙的《乔厂长上任记》，以其塑造的工厂改革家的形象，应和了变革时代的人们渴望雷厉风行的"英雄"的社会心理，成为改革文学的开山之作。孙惠芬《歇马山庄》、关仁山《天高地厚》、周大新《湖光山色》等，都从不同的侧面描写农村新人物，反映农村新变化。孙力、余小惠《都市风流》，阿耐《大江东去》，郭羽、刘波《网络英雄传》等，分别从城市建设、工业改革和科技创新等不同维度，书写不同行业与领域的改革故事。还有的作品以家族历史为主干故事，描述家族的荣辱盛衰，透视文化精神的嬗变，折射社会变迁与时代更替，代表性作品有张炜的《古船》、陈忠实的《白鹿原》等，拓展了传统现实主义文学边界。

2016年6月12日，第二届路遥文学奖颁奖仪式以"传诵经典 声声不息——'走近路遥'作品演诵会"这一独特的形式在中国人民大学举行。

　　1985年以文化审美为旗帜的"寻根文学"出现，涌现出一大批实验小说。如张承志《北方的河》、贾平凹《商州初录》、阿城《棋王》、韩少功《爸爸爸》、王安忆《小鲍庄》等。与之前作品的宏大叙事不同，这些作品从乡土文化经验中提炼了一套新的审美话语，包容了传统文化元素和西方现代主义元素，文学实践性的工具功能被文学自觉的审美功能所取代，艺术风格也逐步由不成熟走向成熟，并衍生出新的文学思潮。如从现代主义艺术技巧上发展，形成了先锋艺术；从世俗层面上普及化，产生了后来的新写实小说、新历史小说等思潮。先锋文学以及"重写文学史"潮流，主张用"艺术""诗意"和"美"的标准来重新评价"人民文艺"，追求"纯文学""去政治化"；还有人推崇"私人化"写作，出现了写自我、写性爱、写意识流等现象。诗人们如饥似渴地学习象征主义、存在主义、结构主义、女权主义、解构主义，并且匆匆书写这些主义指导下的诗作。朦胧诗、先锋诗的代表人物舒婷、北岛、顾城、西川等人的作品给人们留下比较深刻的印象。受到西方现代派和后现代派影响，国内产生了抽象与意识流的作品。1979年的"星星画展"、1980年的"同代人画展"、1985年的"'85美术新潮"与1989年的"现代艺术大展"，将西方新兴的美术观念与传统观念的冲突表现得淋漓尽致，全面反映了美术界在改革开放中的变化。

《玉娇龙》《春雪瓶》等长篇小说将武侠与言情的元素结合起来，拥有一定的读者市场。明清通俗小说与民国武侠小说被大量翻印，形成一股怀旧风。同时兴起的还有纪实性的"领袖文学热""红色人物传记热"。1989年，权延赤出版《走下神坛的毛泽东》，以私人化的笔法描述领袖人物的情感和日常生活，以满足大众希望了解革命领袖人生命运的好奇心。

20世纪90年代，随着市场经济的发展，中国文学的格局有了很

2013年11月23日，观众在中国美术馆参观"'85与一所艺术学府"展览。

2012 年 5 月 29 日，话剧《活着》在杭州举行全球首发新闻发布会，原小说作者余华（左二）助阵。

大变化。文学开始市场化。王朔依靠影视的号召力，出版四卷本文集，一时洛阳纸贵。但大部分纯文学作者靠投稿已吃不饱饭，一大批作家放弃了文学创作道路，有的出国，有的下海，有的转向影视，也有的专门去研究《红楼梦》。苏童、王安忆、格非、余华等一批作家都开始涉足影视，当起编剧、策划；马未都组建"海马影视工作室"，王朔和冯小刚合开"好梦公司"，张贤亮创办宁夏西部影视城公司。

消费主义文化产生，文艺娱乐化泛滥，有的作品猎艳搜奇，有的炫富，有的戏谑调侃。即使是现实主义题材，也不厌其烦地描述官场规则和游戏方式，津津乐道地描绘情感欲望和人性黑洞，缺乏在场感、创意感、新异感和可信度。因为文学作品人文价值和民族审美的迷失，1993 年，《上海文学》刊登了一篇《旷野上的废墟》，提出人文精神危机的问题。各大主流报刊也相继发文，引起了从人文学科到社会学、经济学等各领域的争鸣，最终形成了 20 世纪末轰轰烈烈的"人文精神大讨论"。

大量"引进"西方启蒙以来的文学思潮，增加了文艺领域的杂芜，尤其是所借鉴的西方现代主义思潮中漂浮着泡沫，加上表达的晦涩，造成了与读者的疏离现象。与此创作理念相对立，20世纪90年代末到21世纪初，"底层文学"兴起，"民间写作"成为新的旗号，以本土资源为主，吸收一定的外来表现手法，力图迎合青年读者的"底层写作""草根写作""打工诗歌"等期盼，反映商业文明和传统乡土的冲突。此类作者中，有写乡土诗的马新朝、田禾，写新城市底层的卢卫平、郑小琼等。据广东省统计，该省就有70余种、全国有数百种"民间诗刊"。其中大多数出刊不定期，成为沙龙和社团间的交流物，但基本不进入诗歌圈外的阅读者的视野。

这一时期，贾平凹、陈忠实、张炜、莫言、王安忆、范小青、黄蓓佳、阎连科、韩少功、李锐、刘震云、刘醒龙等一批作家，贡献了《马桥词典》《赤脚医生万泉和》《长恨歌》《秦腔》《古炉》《老生》《圣天门口》《受活》《笨花》《丰乳肥臀》《生死疲劳》《蛙》《1948》《一句顶一万句》《日熄》等重要的长篇小说；比他们更年轻的作家则写出《空山》《尘埃落定》《满洲国》《额尔古纳河右岸》《活着》《许三观卖血记》《兄弟》《江南三部曲》《河岸》《黄雀记》《平原》《推拿》《花腔》《后悔录》《唇典》《耶路撒冷》等富有锐气的经典之作。笛安、张悦然和韩寒三人是有影响的"八零后"作家，他们主编的文学期刊具有"传媒性"意义。

此外，描写改革开放过程中义利抉择、正邪较量的"反腐"小说，也贯注了强烈的现实主义精神。代表性作品有周梅森《人间正道》《人民的名义》、张平《抉择》、陆天明《苍天在上》《大雪无痕》、周大新《曲终人在》等。

20世纪90年代后，中国有了真正的科幻小说。王晋康、刘慈欣、江波、阿越等人创作了《亚当回归》《水星播种》《百年守望》《天父地母》《逃出母宇宙》等。王晋康、刘慈欣努力以科技文明为内核书写价值信仰。王晋康的《豹人》《癌人》《类人》等"基因人"系列，既对基因技术、人工智能产生的道德伦理问题产生警惕，又对这些科技手段保持了乐观、坚定的信念。刘慈欣的《三体》里，清晰地表现了作家的科学乐观主义，以及由此而生的理想主义情怀，体现出的传统革命英雄主义精神与为人类献身的大无畏气质，给读者留下了十分深刻的印象。刘慈欣的小说大体有两种类型。一种是纯粹科幻小说，如《地球大炮》《流浪地球》《人和吞食者》《全频带阻塞》等；另一种是与现实有千丝万缕联系的现实科幻小说，如《乡村教师》《中国太阳》《赡养人类》等。这些小说不仅具有奇崛而宏阔的思想内容和精湛优美的表现形式，而且有着丰盈的想象、瑰丽的理想、超拔的精神，承袭了现实主义关注当下的"伟大传统"，更彰显了浪漫主义天马行空的宝贵精神，是一种具有古典韵味和建构特征的现代科幻小

2015 年 9 月，郑州市一书店在醒目的位置展出作家刘慈欣的系列作品，包括刚刚获得科幻小说"雨果奖"的《三体》。

说。陈楸帆的《荒潮》、韩松的《地铁》和《医院》系列等则是对人性、人情的书写。中国科技的进步，尤其是太空探索，将激发人们就科技、宇宙和未来进行思考与写作，中国的科幻文学有着更大的发展潜力。

在"弘扬主旋律，提倡多样化"的氛围下，中国文艺界借鉴西方文化流派，传统与现代、保守与先锋、经典与实验各领风骚。"寻求创作题材和艺术方法上的各种可能性"的主张，促进了文化的探索、求新、发展，丰富了文艺的样式。中国的文学、戏剧、电影、电视、音乐、舞蹈、美术、摄影、书法、曲艺、杂技以及民间文艺、群众文艺、艺术教育等繁荣发展，观念、题材、主题、风格多姿多彩，体裁、门类、形式、技法百花竞放，成果丰硕。全国各级各类文学报刊总数多达 3000 种，文艺类出版社约 50 家，每年出版的各类文学作品超万种。以 1978 年、2017 年计，出版的长篇小说从 500 部增加到 9000 部，生

2012 年 10 月 12 日，南京新华书店 2012 诺贝尔文学奖得主莫言作品售罄，一位读者在购书登记处登记。

2011 年 8 月 28 日，北京一家书店茅盾文学奖获奖作品展区吸引了大量读者。

产的电影故事片从 46 部增加到近 800 部，电视剧从 8 部单本剧增加到 313 部 13475 集。

国家实施文艺创作精品工程，鼓励创作者深入基层生活、服务群众、服务基层，创造优秀的主旋律艺术作品。茅盾文学奖、鲁迅文学奖、少数民族文学创作"骏马奖"、全国优秀儿童文学奖相继设立，起到引领风尚的作用，有力促进当代文学经典化。截至 2019 年，茅盾文学奖已评选 10 届，共计 48 部作品获奖；鲁迅文学奖评选 7 届，共计 264 部作品获奖；全国少数民族文学创作"骏马奖"评选 11 届，共计 709 部作品获奖；全国优秀儿童文学奖评选 10 届，共计 214 部作品获奖。文艺人才队伍阵容扩大，仅中国文联所属 11 个文艺家协会，会员数量已由 1979 年的 1.2 万人发展到目前的 12.6 万人，其中少数民族 1464 人，占比 12%。文艺界人才辈出，佳作纷呈。以文学为例，继莫言获得 2012 年度诺贝尔文学奖后，2015 年刘慈欣以《三体》、2016 年郝景芳以《折叠北京》先后获得科幻界的"雨果奖"，2016 年儿童文学作家曹文轩获得国际安徒生奖。网络文学、儿童文学、影视文学、科幻文学等与时俱进、蓬勃发展，逐渐成为中国文学新的生长点。在 2011 年由联合国评出的全球十大图书中，著名的儿童文学作家郑渊洁创作的《皮皮鲁总动员》，与英国作家 J.K. 罗琳的《哈利·波特》并列第四。另一位儿童文学作家杨红樱，从事创作 30 年，作品达 87 部，销量超过 6000 万册。

电视剧《渴望》《亮剑》《潜伏》《历史的天空》《激情燃烧的岁月》《闯关东》《大江大河》，美术方面，中国画《人民和总理》《玫瑰色回忆》，油画《在命运的列车上》《父亲》《潮》，版画《松谷》，雕塑《开荒牛——献给深圳特区》，壁画《楚乐》，连环画《枫》《张志新》《人到中年》《邦锦美朵》《地球的红飘带》等均是现实主义风格的优秀作品。

网络文艺的发展

1969 年，美国有了阿帕网。20 世纪 90 年代，互联网大众化应用肇始。1994 年是中国互联网元年。互联网时代的到来，创新了文艺观念和文艺形态，提供了全新的创作、传播环境，推动中国文学从形式到内容、从视野到境界不断创新发展。1998 年，描写一对年轻人的生死爱恋的网络小说《第一次的亲密接触》引发关注，中国网络文学作为一种新的文学体裁登上历史舞台。网络文学以非专业性的写作演练，以及向类型化不断倾斜的基本走势，成为大众化文学的主要构成，改变了人们的书写和阅读方式，并逐渐产业化。

网络文学由于创作门槛低、参与人数多，并可凭借网络传媒的助力，因而飞速发展，作品总数增长快、存量大。2011年底，中国经常更新的文学网站超过500家，以不同形式在网络上发表过作品的人数高达2000万，其中注册网络写手200万人。而到2017年底，中国网络文学用户已达3.78亿人，45家重点文学网站的原创作品总量已达1646.7万种，年新增原创作品233.6万部，网络文学创作队伍非签约作者达1300万人，签约作者约68万人，总计约1400万人。2018年中文在线驻站网络文学作者超过370万名，自有用户数超过8000万。网络文学成为当今中国文坛最为庞大的文学存在，一定意义上形成了"全民写作"的文学生产新机制，给人们创造了张扬个性和舒展自我的新机遇。

网络文学作品构成多样化、类型多，文体界限被打破，跨文体写作盛行，通常以类型化的形式呈现，都市、穿越、玄幻等类型的网络作品数量最多。青少年群体是玄幻文艺的拥趸，他们寻求新奇故事和瑰丽想象的审美趣味，与幻想文学的特征不谋而合。网络文学创作与传播的便捷，也激活了一些濒危的文艺形式。最典型的是诗歌。中国曾是诗的国度，诗歌在传统文学中曾处于皇冠地位，但20世纪80年代后期以来，在现代传媒和市场商业文化的共同挤压下，诗歌从中心向边缘滑落。借助"网络诗歌"的方式，一度低迷的诗歌写作获得了新的生机，加快了诗歌在民间的普及，各地出现了大量杰出的青年诗人。新诗在自媒体、网站和公众号涌现，再次成为大众传情达意的工具。近年来，由于倡导继承和发展传统文化，沉寂多年的传统诗词随着电视诗词大会等媒体的推介重新受到青睐，旧体诗词写作也成为中国诗坛的一股潮流。以网络为纽带，各地开展各种诗歌节、诗歌周以及诗歌大赛，让人目不暇接。

百花齐放，雅俗纷呈，百家争鸣，众声喧哗，是中国网络文学呈现的基本艺术生态。针对网络文学的良莠不齐、泥沙俱下，作品娱乐化、媚俗与低俗、随意性和无门槛写作泛滥的现象，传统文学团体扮演了

2015 年 2 月 2 日，诗人余秀华为个人诗集签名。一旁协助她的是该书的责任编辑杨晓燕，正是她在朋友圈读到了余秀华的诗后，第一时间策划出版了这本诗集。

引领者的角色。各地的作协、文联注重网络文学新人的联络与培养，把他们作为文学写作的后备力量之一。2013 年 10 月，由中国作家协会指导，"中文在线"发起成立了公益性网络文学大学，为全国网络文学作者提供免费培训。中国作协设立中南大学基地和上海大学基地，开辟网络文学创作与评论研究的高校阵地，推进网络文学主流化和经典化。2014 年 1 月，首家省级网络作家协会浙江省网络作家协会成立。2016 年，中国作协第九次全国代表大会上，网络作家唐家三少当选中国作协主席团成员。2017 年，中国作协成立网络文学中心。

从写作的趋向上看，一部分网络文学与传统文学在题材、内容和风格上的边界日益消弭，逐渐被传统文学界所接纳。《新世纪小说大系》的作者中既有王安忆、莫言、余华等传统作家，也有南派三叔、天下霸唱等网络作家，两个系列名单放在一起，作品内容包括武侠小说、科幻小说、校园小说等。

2018年初，由国家新闻出版广电总局和中国作家协会联合主办、新华网承办的"2017年优秀网络文学原创作品推介活动"中，选出了24部优秀的网络文学作品，现实类题材的网络作品占多数。如《复兴之路》讲述国企改革和复兴的艰辛历程；《岐黄》描写当代医者日常生活与心灵世界；《全职妈妈向前冲》展现当下都市女性生活；《糖婚》直面八零后情感价值观；《写给鼹鼠先生的情书》以女性视角书写缉毒干警英雄事迹；《明月度关山》《大山里的青春》书写贫困山区支教青年的故事；《挚野》则描写一对青年乐手音乐筑梦、爱情圆梦的故事；《老妈有喜》表现"二胎"带给社会与家庭的一系列变化；《冰上无双》讲述女子花滑运动员青春成长与人生追求；《幸福不平凡》《扬帆1980》写青年人在新农村开创事业的故事；《徐徐恋长空》讲述外卖小哥和创业女生之间的爱情故事；《点心之路》聚焦中华美食；《草根石布艺》讲述城市底层青年奋斗历程。这些作品生动描绘现实社会，

2017年6月15日，北京作家协会在白洋淀组织召开网络文学写作新状态座谈会。图为北京作家协会成员合影留念。

巧喻世俗百态，有鲜明的现实关怀。非现实类题材的作品，如都市武侠小说《武林大爆炸》、古典神话重塑小说《完美世界》、幻想爱情小说《夜旅人》等也表达出主流价值观。

20 多年来，中国网络文学从无到有、从小到大，创造了堪称浩瀚的原创作品，形成了一个新兴文艺群体，并由网络写手们的自娱自乐，发展为一个体量庞大、规模惊人的崭新文化产业形态。它以故事化的文化魅力吸引世界目光，成为中国文化走出去的一扇窗口，有人甚至把中国的网络文学与美国好莱坞电影、日本动漫、韩国电视剧并称为当今"四大文化现象"。2017 年，阅文集团和掌阅科技两大网络文学平台相继上市，标志着网络文学行业多年来的发展得到市场认可。网络文学业务营收也进入全面盈利期。公开资料显示，阅文、掌阅、纵横等网络文学企业在 2017 年均已实现盈利。从行业发展来看，根据作品的类型和主题，网络文学作品被改编为影视、网游、动漫、广播剧、

在上海举办的中国国际动漫游戏博览会 2018 上，网络文学平台阅文集团展台引人驻足。

漫画和有声书等新文艺形式，形成网络文艺与网络文娱产业，影响力已辐射至海外。迄今，由网络文学改编的影视作品、游戏和动漫超过3000部，其中不乏像《何以笙箫默》《花千骨》《芈月传》《甄嬛传》《琅琊榜》《七月与安生》《大江大河》这样广受欢迎的作品。

"融媒体"已是发展方向，这意味着今后的作品会由纸媒发展到图文声像。中国文学艺术面临的挑战是，随着文艺商业化步伐的加快，通俗化成为流行的文化思潮，但通俗文艺存在类型固化的瓶颈，很多作品思想肤浅、艺术性不高。有识之士主张，作家只有坚守文艺的灵魂，把笔触深入到生活激流的底部，深入到人的内心深处，去深刻反映这个时代，提升文艺作品的内在品质，才能生成中国文艺的大气象。

影视文化新样貌

1905年，北京丰泰照相馆创办人任景泰将自己的戏曲文化和电影技术巧妙结合，拍摄了由谭鑫培主演的《定军山》片段，创造了独特的"影戏"电影，宣告了中国电影的诞生。电影从此成为受中国观众欢迎的大众文化。新中国成立后，拍摄了许多脍炙人口的经典作品，如《三毛流浪记》《白毛女》《丰收》《上甘岭》《平原游击队》《永不消逝的电波》《青春之歌》《五朵金花》《我们村里的年轻人》《李双双》《冰山上的来客》《英雄儿女》等。在20世纪70年代末、80年代初，影坛上新老电影创作者的作品百花争艳。吴永刚、吴贻弓执导的《巴山夜雨》平淡隽永、诗意渗心；陆小雅、从连文导演的《法庭内外》跌宕多姿、严谨朴实；谢晋导演的《天云山传奇》真实深邃、委婉动人，加上其后来执导的《牧马人》《芙蓉镇》，被称为"反思三部曲"，堪称时代经典；舞台艺术片《七品芝麻官》《白蛇传》精致细腻、特立不群……《城南旧事》《小街》《小花》等追求质朴、自然的风格，从凡人小事中开掘社会和人生的深刻哲理；《庐山恋》

《红衣少女》《少林寺》《雅马哈鱼档》等展现对美好生活的追求，引发人们的观影热情。在 20 世纪 70 年代末开始从事电影创作的第四代导演，他们的电影作品偏重现实主义。吴天明导演的《百鸟朝凤》《人生》《老井》，反映的是当时改革前沿农村的故事，均为口碑之作。1981 年，凌子风导演的改编自曹禺同名戏剧的电影《原野》，获 1981 年意大利威尼斯电影节"最受推荐电影"奖。1982 年第 32 届柏林电影节上，阿达凭借《三个和尚》摘得短片单元最佳编剧奖。

随着西方电影的大量引入，中国科班出身的第五代导演在借鉴与变革中制作了一批令人耳目一新的电影作品。1985 年，陈凯歌执导、张艺谋拍摄的《黄土地》，以静默无声的镜头语言和大色块造型，营造出深沉内向的感情基调和纯美厚重的美学意象，获法国第 7 届南特三大洲国际电影节最佳摄影奖、第 5 届夏威夷国际电影节东方人柯达优秀制片技术奖。1986 年，陈凯歌执导的剧情片《大阅兵》，获得第

游庐山，看《庐山恋》，已成为庐山的一个固定旅游项目。图为江西九江庐山恋电影院，摄于 2018 年 9 月。

1988年2月26日，电影《红高粱》剧组主创人员金以云（左）、张艺谋（中）、杨钢（右）在中影公司照相室合影。

11届加拿大蒙特尔国际电影节评委特别奖、意大利都灵青年国际电影节大奖。张艺谋的《红高粱》《菊豆》《大红灯笼高高挂》，陈凯歌的《霸王别姬》等作品在人物塑造与故事叙事上都有重大突破，以强烈的主体意识去表现纷繁复杂的历史和现实，揭示社会变化的历史渊源，探究中华民族的心理结构，这些电影被称为"寻根电影"。这种寻根思潮与文学是紧密相关的，因为这些影片几乎都改编自小说。这一主题是当时的世界性话题，因此，这些影片也给中国电影带来了国际声誉。1988年，《红高粱》获得柏林电影节金熊奖，成为中国第一部在国际A类电影节上获奖的电影，并掀起了世界电影的"中国风"。张艺谋接连拍出的《秋菊打官司》和《一个都不能少》获威尼斯电影节金狮奖。

以艺术片成名的张艺谋，从本土文化土壤中吸纳养分，借鉴国际先进电影经验，开启了中国商业电影的"大片时代"。他用天马行空的想象、奇幻的故事、全明星阵容、唯美的动作设计，吸引了大批电影观众，屡次获得国际电影节大奖，成为中国在国际影坛最具影响力的导演。《英雄》不仅创造了 2.5 亿元人民币的票房纪录，还获奥斯卡金像奖最佳外语片提名。《摇啊摇，摇到外婆桥》《十面埋伏》和《满城尽带黄金甲》获奥斯卡金像奖最佳摄影、最佳服装设计提名。张艺谋还成功执导了 2008 年北京夏季奥运会开幕式，其展示的艺术之美、文化之美，令全世界惊艳。2010 年，他返璞归真，导演《山楂树之恋》，男女主角都是第一次演电影的新人，讲述了一段真心付出、至死不渝的爱情故事，该片创造了当年中国电影文艺片最高票房纪录。2018 年，张艺谋团队一改之前色彩浓烈的画风，去繁就简，用了 5 年时间拍摄了一部武侠水墨电影——《影》，选择了低彩度的处理方式来构建影片的美学风格，表现中国传统文化。

陈凯歌善于剖析历史和传统的重负对人精神的影响，以其深厚的文化底蕴和扎实的艺术功力，表达强烈的人文意识和美学追求，并调动多种电影手段，形成了独特的沉重而犀利、平和而激越的电影风格。他拍摄的电影被称为文化电影，代表作有《黄土地》《霸王别姬》《梅兰芳》《搜索》《妖猫传》等。黄建新导演的几部都市电影，如《站直了别趴下》《背靠背脸对脸》《埋伏》等，非常典型地表现了中国社会，拍得细腻、真切，让人感同身受。

中国的市场化娱乐电影始自根据王朔小说改编的电影，包括《顽主》《一半是火焰一半是海水》等，大多以讽喻的方式来表现变革时代社会结构、人际关系的变迁，记录了时代。冯小刚则开拓了中国内地"贺岁片"领域。《甲方乙方》《不见不散》《手机》《天下无贼》《非诚勿扰》等电影，聚焦于大众的生活趣味和当下的日常经验，追求故事的感人，用自我调侃的幽默语言和机智的生活态度，以及独特的温情和平民倾向所造就的感伤，使人们在欢笑中体味豁达人生，获得观众积极的反应，找到了一条类型探索之路，为低迷的电影市场打开了局面。近年来，冯小刚尝试超越自己，把已获得公众认可的"温情"和"感伤"的故事韵味与大片的视听效果相结合，制作了《夜宴》《集结号》《温故一九四二》《芳华》，给中国"大片"带来更加多样化的面貌。

中国电影人并未停下艺术探索的脚步。在改革开放的重大变革时期成长起来、亲身感受到经济体制的转轨给社会关系、人际关系、家庭关系带来各种变动的第六代导演以异于前辈的电影观念和表现内容出现在影坛，他们的作品多为底层叙事和边缘叙事，别有一种人情味和真实感。以贾樟柯、陆川和王小帅等为代表的第六代导演在国际电影节有较高知名度。贾樟柯的《小武》《站台》《任逍遥》《世界》《三峡好人》等表现 20 世纪 90 年代以来中国乡村的日常生活，以朴素、平实、直白的基调捕捉时代变化与人的情绪。他的首部长片《小武》得到法国《电影手册》好评。2006 年，《三峡好人》荣获威尼斯

电影《芳华》剧照

国际电影节金狮奖及洛杉矶影评人协会奖最佳外语片奖。2010年，洛迦诺国际电影节授予贾樟柯终身成就金豹奖，他成为有史以来获此殊荣的最年轻电影人。2018年亮相戛纳的《江湖儿女》获得评委好评。在众多商业电影的包围下，贾樟柯坚持讲述时代边缘人物，刻画人物内心状态，为他们的尊严呐喊，充满悲悯情怀，为转型时代增加了一些沉重的思考。贾樟柯说："用电影去关心普通人，首先要尊重世俗生活。在缓慢的时光流程中，感觉每个平淡生命的喜悦或沉重。"王小帅的电影比较知识分子化，代表作有《冬春的日子》《梦幻田园》《十七岁的单车》《青红》《日照重庆》《闯入者》《地久天长》。其中，《地久天长》虽然与第69届柏林电影节最佳影片奖擦肩而过，但包揽了最佳男、女演员银熊奖。影片讲述了两个家庭因为一次意外而生嫌隙，其中一家由北方远走南方，相隔30年历经沧桑后再度聚首的故事，展现了中国人的传统美德和质朴性格。1989年出生的毕赣被誉为华语电影的下一位大师，这位非电影科班出身的年轻导演的首部电影长片《路边野餐》一举囊括法国南特三大洲国际电影节最佳影片、台湾电影金马奖最佳新导演、洛迦诺国际电影节最佳处女作特别提名等奖项。

一批跨界的新生代导演表现出很好的潜质。徐静蕾最先"演而优则导"，2003年自编、自导、自演了电影《我和爸爸》，这部投资仅200万元的影片荣获第23届中国电影金鸡奖最佳导演处女作奖。之后，她导演了《将爱情进行到底》《一个陌生女人的来信》《杜拉拉升职记》等一系列作品。演员徐峥、赵薇和黄渤分别执导了《泰囧》《致我们终将逝去的青春》和《一出好戏》；吴京执导了动作军事电影《战狼》《战狼Ⅱ》。《北京遇上西雅图》的导演薛晓路是北京电影学院文学系教师。作家韩寒导演了《后会无期》《乘风破浪》《飞驰人生》。

中国电影逐步走向市场化后，商业电影尤其是类型片成为电影创作生产的主体。武侠片是最有代表性的中国类型片。武是功夫，侠是精神。李小龙的华语功夫片在世界享有盛誉后，武侠电影就成为中国电影的标签。20 世纪 80 年代初上映的《少林寺》是中国内地第一部功夫片，反映了内地电影的娱乐意识和类型意识。香港回归后，香港导演纷纷北上，助力中国武侠片的爆发。其次是喜剧片。2006 年宁浩的《疯狂的石头》引发了中国喜剧电影的复苏，《十全九美》《熊猫大侠》《疯狂的赛车》《泰囧》和《港囧》《心花路放》《夏洛特烦恼》《驴得水》《羞羞的铁拳》《我不是药神》《西虹市首富》等陆续出现。"开心麻花"成为影响力极大的一个喜剧品牌。此外，爱情片有《等风来》《我想和你好好的》《第 101 次求婚》等。青春片有《致青春》《小时代》《快把我哥带走》等。警匪片或者称犯罪片是近十年中国电影里进步最明显的一种电影类型，如《烈日灼心》《追凶者也》《解救吾先生》《湄公河行动》《唐人街探案》。《白夜追凶》和《无证之罪》是比较有质地的两部网剧。魔幻片创作反映了中国电影科技的进步。中国有非常丰富的魔幻电影资源，如《西游记》《聊斋志异》两大小说，《画皮》就是根据《聊斋志异》改编的。《捉妖记》《九层妖塔》《寻龙诀》改编于网络小说《鬼吹灯》。

上述类型的作品中有不少非常优质的影片，但也存在追求大明星、大制作、大营销，娱乐性追求大于对艺术性的尊重，商业性配置高于审美性表达，感官娱乐多于情感满足，视觉呈现强于故事表达等现象，尤其是明星畸高片酬屡遭诟病。影视业要实现健康有序发展，需要培育成熟的现代影视工业体系，完善和规范市场秩序，引导市场建立合理有序的价格机制，以品质至上、"内容为王"取代明星第一、"流量为王"，强调创新和创意，提升思想性与艺术性。2016 年中国国产电影产量 944 部，其中实现大银幕放映的只有 376 部，上映率不足 40%，而同期美国电影产量是 789 部，上映数达到 718 部，上映率91%。

在中国电影界，主旋律创作是重要方面。表现宏大政治历史叙事的影片有以事件为主的《开天辟地》《大决战》《开国大典》《长征》《十月围城》《风声》《建国大业》等，以人物为主的《毛泽东和他的儿子》《周恩来》《邓小平》等。表现当代模范人物的影片有《焦裕禄》《孔繁森》《杨善洲》等。对中国经典的革命历史题材加以重新构造的影片有《智取威虎山》。近年来，《战狼》系列，《湄公河行动》《空天猎》《红海行动》等电影，将爱国情怀与军事动作类型相嫁接，寻求主流价值表达与商业元素的最大通约性，被称为新主流电影，克服了以往主旋律电影主题先行、概念说教和制作粗糙的问题，电影创作质量和制作质量得到提升。取材于中国传统故事的《山海经》《搜神记》《妖猫传》等，根据老舍先生名著改编的《不成问题的问题》，探讨家庭情感的《相爱相亲》《告别》，关切儿童创伤的《嘉年华》，表达现实主义观察的《塬上》，以及面向成年群体的动画电影，如《大鱼海棠》《大护法》《大世界》《小猪佩奇过大年》等等，都体现了较高的艺术创新力和影片完成度，反映了中国电影的多元性、多样性。

随着中国电影工业发展及国家在太空探索领域的科技进步，中国科幻电影取得重要突破。2019 年春节，两部根据刘慈欣中篇小说《乡村教师》和《流浪地球》改编的科幻电影《疯狂的外星人》和《流浪地球》有优异表现，在受众中掀起了一股科幻电影的热潮，不少评论家称此是"中国科幻电影元年"开启。中国曾在 1938 年拍了《六十年后上海滩》，1963 年王敏生编导了《小太阳》，1986 年黄建新拍摄了《错位》，但这些科幻电影没有产生大的反响。《流浪地球》讲述的是太阳急速衰老膨胀，地球面临被太阳吞没的灭顶之灾，中国宇航员推动地球逃离太阳系、寻找新家园的故事。这是一部关于希望与绝望、生命与死亡、道德与伦理、科技与使命的影片，其内容关乎人类未来与星际生存。影片借助获奖作家的号召力、一流的视觉特效大制作，被观众誉为"硬核"科幻电影。它所呈现的与好莱坞科幻电影的个人英雄主义叙事不同的中国亲情观念、英雄情怀、奉献精神、故土情结和国际合作理念，受到极大关注，被《纽约时报》称为"中国电影工业黎明新开端"。很多国外影评人也注意到这部电影的"与众不同"——尤其是"不再是超级英雄拯救世界，而是人类共同改变自己的命运"。在北美市场，《流浪地球》排片率节节攀升。不少观众认为该影片选择让人类带着自己的家园一起逃离，这个想法很酷。这是中国一个新类型影片发展的先导，表明中国电影创作能力不断提升。

合拍电影是中国电影创作的一种重要形式。从 20 世纪 80 年代开始，内地与香港合拍，制作了大量的武侠片、警匪片。李安执导了《推手》《喜宴》《饮食男女》三部纯中国文化的电影。为争取巨大的中国电影市场，美国好莱坞在电影中融入了更多的中国元素，中国面孔在好莱坞电影中出现的频次也越来越多、戏份也越来越重，《环太平洋 2》甚至直接在中国的影视基地拍摄。但由于文化差异和生产创作体制上的差异，一些影片表现出对中华文化认知深度不足、美学理解

《流浪地球》海报

缺乏以及人性把握的"标签化"等缺陷。动画片《花木兰》《功夫熊猫》在中国获得很好票房，也遭到了很多中国观众的批评。因为好莱坞给《花木兰》加入了如个人奋斗等一些美国文化的元素，与中国人心目中"代父从军"这个经典形象差别很大。对《功夫熊猫》，人们说，这个功夫是中国的，熊猫是中国的，但是《功夫熊猫》不是中国的。这震动了整个中国电影界，中外电影人都开始思考如何用中国文化元素进行国际表达的问题。中国与世界一流的电影企业、电影人合拍正在成为一种新的创作态势，2014年有《夜莺》，2015年有《狼图腾》，2016年有《长城》《我们诞生在中国》。2017年，中英合拍了《英伦对决》，中国与丹麦合拍了《烽火芳菲》，中印合拍了《功夫瑜伽》，BBC与中国导演、编剧、演员合拍了纪录电影《地球：神奇的一天》。中外电影合拍进入了新阶段。中国电影创作的多样化和电影观众审美选择的多样化正在形成。

随着中国文化消费的增长，影院建设不断从一、二线城市向三、四线城市拓展。中国电影技术与西方差距日渐缩小，但思想精深、艺术精湛、制作精良的现象级作品还不多，主要短板是故事性不强，人物形象单薄。因此，当前的中国电影呈内需性，包括合拍电影，主要市场在中国。创作更多符合现代观众精神需求，反映自由、平等、正义、使命、国家荣誉、牺牲和爱等"共享性"主题的现实主义题材作品，展示全球化背景下中国与世界的关系，中国人在追求美好生活的过程中面临的困难、发展和变化，是中国电影走出中国本土和世界华人范围的关键。这从近两年中国引进的《摔跤吧！爸爸》《天才枪手》《你的名字》《看不见的客人》等亚欧国家中小成本类型电影受到观众热捧中已经得到证明。简单的故事、人物以及其中所包含的人性发现和对真善美的坚持，对人的焦虑的释放和抚慰有帮助。文化产品固然要有娱乐性，但更要有文化性。

在儿童动画片方面，表现手法不断创新。1982年上海美术电影制片厂出品水墨动画短片《鹿铃》。此后，中国创作了《黑猫警长》《葫芦兄弟》《邋遢大王奇遇记》《舒克和贝塔》《新大头儿子和小头爸爸》《大闹天宫》《熊出没》等脍炙人口的优秀作品。

中国电视剧发展迅速，已实现由 20 世纪 80 年代港台剧霸屏，稍后的美剧、日剧、韩剧受追捧，到内地剧创造香港收视最高纪录的跨越。都市生活、古装武侠、战争风云仍然是中国荧屏主流。《渴望》《我爱我家》《大丈夫》《爷们儿》《团圆饭》《生活启示录》《一仆二主》《爱情最美丽》等以家庭和爱情为主要内容的都市生活剧，创作热情始终有增无减。行业剧崛起，如《急诊科医生》《产科医生》《青年医生》《我和我的他们》等医疗题材和《金牌律师》《离婚律师》等律政题材。《古剑奇谭》《神雕侠侣》等剧播出后在社会形成热点话题，让古装剧类型在观众特别是年轻人的文化生活中继续占据重要的位置。以《亮剑》《潜伏》《北平无战事》《长沙保卫战》等为代表的战争题材获得不俗口碑。《武媚娘传奇》和《那年花开月正圆》创造了内地剧在香港 TVB 的收视最高纪录。2014 年，网络自制剧迎来规模化爆发，当年上线的有 54 部。其中《探灵档案》《灵魂摆渡》《暗黑者》《匆匆那年》等剧有数亿次的访问量，影响力直逼电视剧。2018 年 7 月在爱奇艺首播的《延禧攻略》70 集连续剧，网络播放量破 150 亿，连续 20 天霸榜，并以日均播放量超 3 亿、最高单日播放量 7 亿的成绩，不断打破 2018 年以来全网电视剧、网剧单日播放纪录。这部作品不仅在中国人气势不可挡，而且，根据谷歌公布的数据，它击败《权力的游戏》，击败漫威、DC、各类欧美 IP，问鼎 2018 全球范围搜索量最高电视剧，版权卖到 90 个国家，收益超 3 亿元人民币。传统电视剧制作机构看到网络自制剧的市场潜力，纷纷与视频网站结成战略联盟，在资金、技术、创作层面互通有无。

中国纪录片随着制作技术的提升呈现精品化趋势及跨界现象。纪录片作为记录时代发展和社会变迁的媒介，对于回顾历史、反映当下、展望未来具有重要价值。过去中国人文类与自然环保类的纪录片在国内外有较好反响，如《祖屋》《山洞里的村庄》《白马山谷》《西藏的诱惑》《红树林》《神农架》《从化古民居》等，但广受欢迎的纪录片大都是引进的，如中央电视台及各省市台播出的《探索发现》《动物世界》《自然奇观》等。近年来，中国纪录片逐渐从冷门小众走向大众，既有现实主义题材纪录片，又有历史人文类纪录片，并打破媒介边界，既有传统意义上的电视纪录片，又有进入院线放映的电影纪录片，还有在网络平台播放并引发收视热潮的网络纪录片。这些纪录片关注国家发展，关怀民情民生，深入自然社会，引爆社会话题，因而备受年轻人喜欢。如《说凤阳》《莫让年华付水流》《丝绸之路》《话说长江》《话说运河》《让历史告诉未来》《望长城》《沙与海》《大国崛起》《复兴之路》《第三极》《航拍中国》等作品，见证中国改革发展；《国魂》《百年潮，中国梦》《劳动铸就中国梦》《长征》《永远在路上》《巡视利剑》《一带一路》《将改革进行到底》《不忘初心，继续前进》《大国外交》等作品，阐释了党和国家重要战略；

纪录片《生活万岁》海报

《我们一起走过——致敬改革开放40周年》《四十年：美好生活》《中关村——变革的力量》《小岗纪事》《创新中国》《生活万岁》等现实题材作品，纪念改革开放40年；《国脉》《园林》《记住乡愁》《本草中国》《京剧》等历史文化类纪录片，再现国粹瑰宝；《乡村里的中国》《中国人的活法》《希望的田野：拉林河畔》等作品，从普通人、身边事入手，见微知著，为新时代中国留下个体化影像注脚。还有纪实风格的故事片《冈仁波齐》《出山记》和反映幸存慰安妇现状的纪录电影《二十二》，以及《美丽中国》《风味人间》《了不起的匠人》《奇遇人生》《足球道路》等多元题材的新媒体作品，在网络的细分市场中得到较高的评价与满意度。自2012年《舌尖上的中国》让纪录片成为全民话题起，纪录片"年轻化"特点愈发凸显，用年轻化的语态表达、用精品化的内容包装传播，被认为是网络新媒体纪录片发展的路径。《冈仁波齐》通过"非职业演员"的"本色"表演，纪录片式地表现了一家人在转山路上的经历，揭示了宗教和信仰对于常人生活的价值。它对藏地景象的写实描摹，特别是对角色的情感状态、人生状态的准确呈现，点燃了观众的观影热情。一些制作精良的作品受到国际纪录片市场的关注。

还有一个新现象是民间影像创作。数字技术的发展，使影视爱好者使用手机就可以拍微电影、微视频；网络的出现带来了传播方式的变革、传播平台的普及，一台可以上网的电脑，可以将拍摄的视频发到网络上去，而网络可以把各种影像整合成一个多屏联动的新型媒介样式。这给影像的制作、发行、传播、放映、观看带来了新的机遇与发展前景。2019年春节，贾樟柯用手机拍摄了短片《一个桶》，讲述一个年轻人过完年离家时发生的温情故事。

舞台艺术多元共生

中国舞台艺术包括戏曲、话剧、音乐、舞蹈、杂技、魔术、曲艺、小品、武术等艺术形式。改革开放初期，流行音乐是最受欢迎的艺术形式。港台流行音乐对内地影响极大。邓丽君抒情风格的歌曲、侯德健的校园歌曲、罗大佑的流行歌曲从台湾进入大陆，受到青年的热捧。香港的张学友、刘德华、郭富城、黎明等影视歌全方位艺人被称作"四大天王"，在讲求形象的香港娱乐包装下，中国内地出现了无数的崇拜者，诞生了第一批追星族。中国内地歌手逐渐将流行音乐本土化。1979年底，李谷一的《乡恋》歌曲一经播出，便红遍全国，成为流行音乐的先声。《军港之夜》《在那桃花盛开的地方》《在希望的田野上》《大海啊故乡》等歌曲也广为流行。1986年，中国内地的摇滚音乐一鸣惊人，崔健的《一无所有》被誉为"开路先锋"歌曲。这些音乐多以歌唱爱情、离愁别绪为主，突破传统，创新技巧，被称为"新潮音乐"。同年，百名歌手共同参与了献给世界和平年的主题音乐会——《让世界充满爱》的演唱，成为中国本土流行音乐成熟的标志。此后，《爱的奉献》《亚洲雄风》《好人一生平安》《涛声依旧》《春天的故事》《同桌的你》《青藏高原》《好汉歌》《常回家看看》《天黑》《2002年的第一场雪》《荷塘月色》《春天里》《传奇》《最炫民族风》《时间都去哪儿了》等成为流行音乐中的精品。2014年中央电视台的中国原创音乐节目《中国好歌曲》播出，聚焦音乐唱作人，主打原创歌曲，挖掘华语乐坛新人，寻找中国新生音乐力量，其音乐模式受到业界以及国际音乐界的好评与推崇。如霍尊的中国风曲目《卷珠帘》《粉墨》创造了诗情画意的意境美，赵照的《当你老了》《时光谣》等作品确立了新民谣风格，赵牧阳的《侠客行》将陕北音乐融入摇滚曲风，均反映了中国乐坛的文化底蕴与创作能力。当代著名词作家乔羽在70多年的创作生涯中，创作了1000多首歌词，其中《让我们荡起双桨》

2016 年 4 月第三季《中国好歌曲》总决赛现场

《我的祖国》《祖国颂》《爱我中华》《难忘今宵》《人说山西好风光》《牡丹之歌》《夕阳红》等为祖国而歌的名词佳作广为流传，具有独特的艺术魅力。

随着中国经济转型带来的生活方式的改变、文化娱乐的多样化，传统戏曲一度陷入低迷。2002 年，著名剧作家魏明伦引发了一场关于"中国戏剧命运"的大讨论。以此为契机，为挽救舞台艺术于衰微，文化部、财政部共同实施一项旨在扶持舞台艺术发展的国家舞台艺术精品工程，每年投入专项资金，扶持优秀作品生产，同时推动艺术院团在人才、资金、剧目策划、营销等多方面与外界合作，有效地整合资源和开拓市场。

国家舞台艺术精品工程设立展演推广机制，即通过节目展演、汇演、观摩比赛进行艺术交流和市场推广。2012 年全国优秀剧目展演有119 台参演剧目，艺术门类齐全，涵盖戏曲、话剧、儿童剧和歌剧、歌舞剧、音乐剧等主要艺术门类。戏曲中除了京剧、昆剧，还有评剧、河北梆子、豫剧、晋剧、越剧、沪剧、川剧、秦腔等地方戏剧种。参演剧目题材广泛，有赞颂英雄人物、反映百姓生活的现实题材，也有整理改编的传统戏和新编历史剧。这些剧目注重舞台表现形式的创新，借鉴先进的舞台科技手段，不断丰富和提高作品的艺术感染力和表现力。

戏曲艺术是最具民族特色和传统风貌的代表性艺术。中国京剧院、西藏藏剧团进行跨地区、跨艺术品种的合作，联合排演《文成公主》，将藏戏与京剧有机融合，调动戏曲本体艺术手段，是一次全新的艺术形式探索。上海文广新闻传媒集团、中国对外演出公司、上海杂技团、上海马戏城，将新闻传媒、海外演出、演员及演出场所等资源有机融合，联合打造杂技剧《时空之旅》。进行类似艺术尝试的还有《天鹅湖》等，这些剧目将杂技与舞蹈、戏剧等艺术相融汇，取得了很好的舞台效果，给人以耳目一新的艺术感受。

2010 年以来，文化部连续组织国家艺术院团优秀剧目展演，以推动艺术创新，实现"传统艺术的现代化"和"外来艺术的民族化"，培养中青年艺术人才。2010 年展演剧目 32 台，2011 年展演剧目 36 台，其中新创剧目 18 台，占 50%。2012 年展演剧目 35 部，其中新创剧目 23 台，占参演剧目的 2/3。国家还颁发艺术节（1987 年创办，截至 2019 年已举办 12 届）大奖、文华大奖（1991 年设立）、"五个一工程"奖、国家舞台艺术精品剧目称号等，引导、推动优秀剧目的创作，共有近 700 部舞台艺术作品获得奖励。

京剧是中国的国剧。2005 年，文化部与财政部制定了《国家重点京剧院团保护和扶持规划》。2006 年至 2010 年，中央财政共投入专项资金 5000 万元。2011 年起，该规划进入第二期，每年继续投入 1000 万元对国家重点京剧院团予以扶持。

为保护和传承传统艺术，国家组织京剧、昆曲、评剧等专项艺术节，

2012 年 10 月 9 日，荣获第十二届精神文明建设"五个一工程"奖、以赣南苏区儿女扩红参军的真实事例改编而成的大型赣南采茶歌舞剧《八子参军》在北京展演。

实施中国民族歌剧传承发展工程、中国民族音乐舞蹈杂技扶持发展工程、戏曲振兴工程等一系列重大艺术工程项目。2013 年 6 月，设立国家艺术基金，通过项目补贴、优秀奖励、匹配资助等方式，支持优秀剧目发展；截至 2018 年共资助项目 4043 项，资助金额 33.7 亿元，有效调动了全社会艺术创造活力，推动了各艺术门类创作的繁荣和发展。京剧《曹操与杨修》《西安事变》《华子良》，昆曲《临川四梦》，豫剧《焦裕禄》，评剧《母亲》，秦腔《西京故事》，川剧《金子》，越剧《陆游与唐婉》，晋剧《傅山进京》，话剧《天下第一楼》《谷文昌》，儿童剧《大山里的红灯笼》，歌剧《苍原》《原野》《党的女儿》《马向阳下乡记》，舞剧《丝路花雨》《粉墨春秋》，芭蕾舞剧《八女投江》《敦煌》，杂技芭蕾舞剧《天鹅湖》，交响乐《龙声华韵》，民族音乐会《泱泱国风》等一批思想精深、艺术精湛、制作精良、人民群众喜闻乐见的优秀作品，以及复排歌剧《白毛女》《小二黑结婚》等一批经典作品，都在资助之列，为大众创造了丰富的精

2018年12月2日，上海昆剧团的《临川四梦》在德国柏林上演。

神食粮。

东北二人转、苏州评弹、常德鼓书、温州鼓子词、陕北说书、河南坠子等说唱样式，在当地政府的扶持下，经过曲艺工作者的努力，保持着鲜活状态，发展态势良好。如传统评弹，起源于山明水秀的江南水乡——苏州，是江南文化的代表，是一门古老、优美的传统说唱艺术。评话通常一人登台开讲，内容多为金戈铁马的历史演义和叱咤风云的侠义传奇。弹词一般两人说唱，上手持三弦，下手抱琵琶，自弹自唱，内容多为儿女情长的传奇小说和民间故事。为增加吸引力，传统评弹进行突破创新，一是编演了许多反映当代生活题材的书目，二是表演上将评弹的经典唱腔与现代舞台艺术的服饰、灯光结合在一起。创新后的评弹艺术不仅能听，而且能看，立体地呈现出或含蓄典雅或庄重华丽的中国文化。评弹艺术和爵士音乐合作，发行了《腔调》唱片。2016年春节联欢晚会上，12个姑娘身着旗袍，抱着琵琶，为观众表演了一段与众不同的评弹："蜿蜒大河，曲弯弯；巍峨的双肩，沐朝晖。风在清唱，对蓝天；唱着绿水，爱青山。"这首《山水中国美》给观众留下了深刻印象，很多年轻人由此开始了解评弹。评弹开始走出书场，与多种艺术形式合作，并登上了各种时尚的舞台，吸引了吴方言区域之外的观众。

此外，国家大力倡导还戏于民。首先，鼓励戏剧题材贴近民众。现实题材戏剧更多地把目光投向普通百姓的平凡生活，努力通过平民视角、现代审美，让戏剧回归市场。其次，鼓励戏剧民营、民间化。目前全国有 300 多个剧种，拥有民营曲艺团体 3000 余家、国有曲艺团队 70 多个，从业总人数 25 万余人。地方民间剧团兴盛，浙江就有 1200 个民营剧团。中国映山红民间戏剧节每两年一届，为民营剧团提供了一个展演交流的平台。最基层的民营剧团为传承优秀民间戏曲作出了贡献。"河南小皇后豫剧团"的《风雨行宫》久演不衰、口碑极佳，至今已连演了 17 年、2000 多场。

2007 年至 2019 年，全国艺术表演团体数量从 4512 个增加到

2010 年 12 月 3 日，福州一草根剧团表演闽剧。

17795 个，从业人员从 22 万人增加到 41.23 万人，其中民营文艺表演团体达到 15774 个，占 88.6%，从业人员达到 29.89 万人，占 72.5%，成为艺术创作生产的生力军。国家举办民营剧团戏剧人才培训班，并于 2018 年 11 月成立中国戏剧家协会民间职业剧团工作委员会，服务民营剧团。

还有一些民间自发组成的戏迷剧团，平时工作，空闲演戏，自导自演，自娱自乐。学生戏剧活动活跃，组建了专业和业余的学生剧社，其成员既是戏剧的基本观众，也是戏剧的后备力量。

中国戏剧生产已呈多元共生的态势。始于 20 世纪 80 年代的小剧场戏剧受到市场欢迎，一些有影响的实验性小剧场剧目已经进入大剧场演出，并参加国家级奖项曹禺戏剧奖的评选，品种也从话剧扩展到京剧、沪剧和昆剧等。小剧场剧目准备周期短，花费少，成为戏剧生产中重要的一维。在京、沪等地，反映都市白领生活百态的"白领话剧"成为一道非常独特的景观。

中国先锋戏剧的探索引人注目，其代表人物是孟京辉。2007 年，由孟京辉执导的话剧《两只狗的生活意见》上演，以"狗"的视角观察世界，用幽默、讽刺手法控诉社会怪象，带给人们欢笑与反思，也传递了乐观的生活态度。这部剧形式新颖，将即兴表演和现实主义表演熔为一炉，两位演员在两个小时的演出中表演 30 多个角色，带领观众在轻松幽默的气氛中体味纷繁的生活。该剧目曾在中国 30 座城市演出 1000 场，还在美国华盛顿肯尼迪艺术中心和英国爱丁堡国际艺术节演出。孟京辉导演的改编自先锋作家余华同名著作《活着》的话剧也非常成功，被认为是艺术与商业双重成功的典范。

中国舞剧创作也数量可观。近年来创作的《红河谷》《千手观音》《俏夕阳》《大红灯笼高高挂》《月上贺兰》《孔雀》《孔子》《永不消逝的电波》《草原英雄小姐妹》等舞剧皆堪称佳作。大型音乐舞蹈史诗《复兴之路》演出 100 场，20 余万观众观看了现场演出。2007

2017 年 6 月 24 日，话剧《两只狗的生活意见》在扬州上演。

年 1 月首演的舞剧《月上贺兰》，是首部全景式反映回族历史风情的大型舞剧，讲述的是古丝绸之路上的穆斯林商队与贺兰山下百姓间的一段传奇感人的爱情故事，以恢宏壮丽的舞蹈场面再现伊斯兰文明与中华文明和谐交融与发展的历史。全剧以西北地区各少数民族民间舞蹈和阿拉伯舞蹈为主体，融入了现代舞和芭蕾舞元素，将地域性文化符号表现在舞台背景及道具之中，不仅在国内演出 430 余场，还多次赴埃及、卡塔尔、阿尔及利亚等阿拉伯国家访问交流，成为中国对外交流的"文化名片"。

在舞蹈艺术方面，民族舞蹈家杨丽萍在 20 世纪 80 年代以自编自演的《雀之灵》红遍国内外。她的主要作品还有《月光》《两棵树》《珠穆朗玛》《拉萨河》《孔雀之冬》等。2012 年她创作并主演的多民族原生态舞剧《孔雀》，围绕生命和爱两个永恒的主题展开，向观众传递艺术家对艺术和生命的思考和感悟，表达了对自由、对生命本真的追求。舞剧中，原生、古朴的民族歌舞与新锐的艺术构思碰撞，用色彩来展现春夏秋冬的轮回，成为当时中国最受欢迎的舞剧。2003 年，

2012 年 10 月 18 日，杨丽萍舞剧《孔雀》在天津大礼堂震撼上演。

杨丽萍编导并主演的大型原生态歌舞集《云南映象》，将原生的乡土歌舞精髓和民族舞经典全新整合重构，集合了传统与现代之美，具有高度的艺术性和观赏性。《云南映象》2009 年进行了世界巡演，精彩表演轰动了美国。同年，她编导并主演《云南的响声》，再获成功。此后，她还编导了《藏谜》《黄山映象》《平潭映象》等大型舞台剧作品。

音乐剧于 19 世纪从欧洲起源，是一门综合音乐、舞蹈、表演等元素的艺术。1957 年，耶鲁大学戏剧学院毕业的黎锦扬在美国出版了一部小说《花鼓歌》，十分畅销，后来他与小哈姆斯坦合作将《花鼓歌》改成了音乐剧。这部写中国人的音乐剧征服了美国人，演出了 600 场，打入了百老汇。1987 年，中国引进首部原版音乐剧《异想天开》。历经 30 多年的发展，在中国舞台上，外国音乐剧的原版及其中文版演出如火如荼，中国原创音乐剧也非常活跃，极富市场潜力。北京天桥剧场等举办音乐剧演出季，优秀剧目有《芳草心》《搭错车》《秧歌浪漫曲》《白蛇传》等。七幕人生音乐剧制作公司制作了《一步登天》《Q大道》《我，堂吉诃德》和《音乐之声》等。音乐类综艺节目《声入人心》，以歌剧和音乐剧为主，传播了不少声乐知识，唱红了不少经典曲目。世界音乐剧第一制作人麦金托什以及百老汇的著名制作人托尼说过，中国的戏曲就是世界上最好的音乐剧。

在党和国家重大纪念日以及重要主场外交活动中进行文艺演出活动，既是中国的一项传统，也是国内外观众欣赏高水准中华艺术的绝佳机会。如庆祝中华人民共和国成立65周年音乐会《美丽中国 光荣梦想》、纪念中国人民抗日战争暨世界反法西斯战争胜利70周年文艺晚会《胜利与和平》、庆祝中国共产党成立95周年音乐会《信念永恒》、二十国集团领导人第十一次峰会文艺演出《最忆是杭州》、"一带一路"国际合作高峰论坛文艺演出《千年之约》、庆祝中华人民共和国成立70周年音乐舞蹈史诗《奋斗吧 中华儿女》等，都给观众留下了难忘印象。

2017年5月14日，"一带一路"国际合作高峰论坛文艺晚会《千年之约》在国家大剧院上演。

第四章 文化事业建设

中国文化事业以满足人民群众的精神文化需求为出发点和落脚点。中国现代公共文化服务体系是政府主导、社会参与、重心下移、共建共享的公益事业，其建设目标是实现公平化、均等化，目前正从"全覆盖、保基本"的初级阶段向"优质高效"阶段转型。国家为此采取了一系列改革举措：通过立法明确各级政府保障"文化民生"的责任；改变供给主体结构单一现象，推动公共文化服务社会化发展；打造"15分钟公共文化服务圈"；提升数字文化服务能力。与此同时，国家全力保障未成年人、老年人、进城务工人员、残障人群的文化权益，加强贫困地区公共文化服务体系建设。非基本公共文化服务实现分众化、个性化、差异化。文化遗产保护的整体观正在确立。

构建现代公共文化服务体系

◎中国的文化事业由政府主导

从 20 世纪 80 年代中期开始，由于以经济建设为中心和受市场化的冲击，中国文化事业发展出现停滞甚至衰退。公共文化事业投入逐年减少，文化事业基建投资占国家基建投资的比重 10 多年间一直在 0.22% 左右。20 世纪 90 年代，国务院先后发布指导意见，要求各级政府增加文化事业经费的投入，鼓励非公有制经济进入文化领域。但市场法则使资金、人才迅速向回报率高的发达地区和城市聚集，区域之间、城乡之间、贫富之间的文化差距越拉越大。2002 年，中共十六大提出要切实尊重和保障群众的文化权益。从"十五"时期（2001—2005）开始，公共财政对文化建设的支持日益加强，中央财政和地方财政分担的公共文化机构运行经费保障机制逐步建立。2017 年，全国文化事业费为 855.8 亿元，全国人均文化事业费 61.57 元；文化事业费占财政总支出的比重为 0.42%，与 1978 年的 4.4 亿元相比，增长 192 倍，1979—2017 年年均增长 14.4%。

各地区高度重视公共文化服务建设，地区公共文化投入实现较快增长。特别是中共十八大以来，地方一般公共预算文化体育与传媒支出持续增加，公共文化服务建设稳步推进。2016 年，地方一般公共预算文化体育与传媒支出 2915 亿元，比 2012 年增长 40.5%。其中，东部地区 1284 亿元，增长 47.2%；中部地区 562 亿元，增长 54.8%；西

"六五"至"十二五"时期全国文化事业费总量及年均增长情况

部地区 859 亿元，增长 29.1%；东北地区 210 亿元，增长 20.7%。

　　构建现代公共文化服务体系是建设社会主义文化强国的重要制度设计。公共文化服务是指由政府主导、社会力量参与，以满足公民基本文化需求为主要目的而提供的公共文化设施、文化产品、文化活动以及其他相关服务。《中华人民共和国公共文化服务保障法》对公共文化服务的责任主体、服务目的、服务内容等基本概念作出了明确的法律界定，进一步厘清了县级以上人民政府对公共文化服务的主体责任，明确其应将公共文化服务纳入本级国民经济和社会发展规划，规定公共文化服务保障是政府必须要依法履行、落实到位的基本职责，这就大大增强了政府保障人民群众基本文化权益的约束力。该法还规定，坚持市场运作与政府主导相结合，进一步强化政府在规划引导、政策调节、市场监管、提供公共文化产品和服务等方面的职能。

◎基本公共文化设施逐渐完善

　　20 世纪 90 年代，图书馆、博物馆、文化馆等文化设施建设被纳入城乡建设整体规划。2005 年底，基本实现县县有文化馆、图书馆的目标。由于改革开放后中国农村推行家庭联产承包责任制和村民自治制度，分田到户后的乡村"去行政化"，加上有文化的青壮年劳动力流向城市工作，农村公共文化建设滞后。"十一五"期间（2006—2010），国家实施文化惠民工程，加大对农村地区文化建设投入，2010 年已实现乡镇有综合文化站、村有文化活动室、社区有文化中心的目标，覆盖城乡的六级服务网络基本建成。对"读书看报、收听广播、观看电视、观赏电影、送地方戏、设施开放、文体活动"七大基本公共文化服务项目，国家制定了指导标准。国家统计局 2017 年底发布的《第三次农业普查主要数据公报》显示，对全国 31925 个乡镇和 596450 个村的基础设施建设和基本社会服务进行的调查表明，2016 年末，96.8% 的乡镇有图书馆、文化站，11.9% 的乡镇有剧场、影剧院，16.6% 的乡镇有体育场馆，41.3% 的村有农民业余文化组织。农家书屋、文化站数量大幅增长，已成为标配。农家书屋工程的实施，使 60 多万个行政村每个村拥有 2000 册图书、30 种报刊和上百种音像

2018 年 9 月 17 日，海南省文昌市文教镇加美村的农家书屋里，村民在读书。

制品，边远地区使用卫星传送图书的数字阅读，财政每年还给每个农家书屋 2000 元用以更新图书。剧场、影剧院、体育场馆等文化设施也已进入农村百姓生活，拥有农民业余文化组织的村比例从十年前的 15.1% 升至 41.3%，丰富了农民的业余文化生活。许多城市实现各级各类公共文化设施完善配套，形成"15 分钟公共文化服务圈"。设在家门口的社区文化中心有图书室、电子阅览室、棋牌室、健身室等。

近年来，中国完善公共文化服务体系，重点提高公共文化服务能力和普惠水平，提高基本公共文化服务标准化、均等化水平，加强公共文化产品和服务有效供给，解决区域、城乡、群体之间的文化服务水平差异，促进城乡、区域文化一体化发展，文化资源向农村、基层倾斜，尤其是向革命老区、民族地区、边疆地区、贫困地区倾斜。2014 年文化部提出，推动公共文化服务社会化发展，培育文化非营利组织，引入市场机制，激发各类社会主体参与公共文化服务的热情。2015 年中央发布《关于加快构建现代公共文化服务体系的意见》。

2015 年 12 月，文化部等七部委共同印发《"十三五"时期贫困地区公共文化服务体系建设规划纲要》，提出各地因地制宜建立文化精准扶贫的长效机制，以实现贫困地区公共文化服务体系建设达到全国平均水平。根据《国家基本公共文化服务指导标准(2015—2020 年)》，标准化建设内容包括基本公共文化服务标准制度、服务设施免费或优惠开放制度、服务公示制度、公众参与的公共文化服务设施使用效能考核评价制度、资金使用监督和公告制度等。这就要求不同文化事业单位都要明确功能定位，建立法人治理结构，完善绩效考核机制，建立群众评价和反馈机制，推动文化惠民项目与群众文化需求有效对接。

截至 2019 年末，全国文化市场经营单位共有 22.02 万个，从业人员 164.59 万人。艺术表演团体 17795 个，全年演出 296.80 万场，其中赴农村演出 171.27 万场；国内观众 12.30 亿人次，其中农村观众 7.68 亿人次。出版各类报纸 315 亿份，各类期刊 22 亿册，图书 102

亿册（张），人均图书拥有量 7.29 册（张）。公共图书馆 3196 个，图书总藏量 111781 万册，电子图书 86557 万册。全年全国公共图书馆流通总人次 90135 万，为读者举办各种活动 195732 次，参加人次 11786 万。群众文化机构 44073 个，组织开展各类文化活动 245.11 万场次，服务人次 78716 万。有 2325 个县（市、区）出台公共文化服务目录，494747 个行政村（社区）建成综合性文化服务中心。全国博物馆 5132 个，其中，非国有博物馆 1722 个；各类文物机构共举办陈列展览 30728 个，接待观众 134215 万人次，其中，博物馆接待观众 114732 万人次，占文物机构接待观众总数的 85.5%。广播节目综合人口覆盖率为 99.1%，电视节目综合人口覆盖率为 99.4%。

改革开放以来全国主要文化发展指标情况[①]

年度	全国文化事业费（亿元）	全国人均文化事业费（元）	公共图书馆机构数（个）	公共图书馆流通总人次（万人次）	文化馆（站）和群众艺术馆（个）	艺术表演团体（个）	艺术表演团体国内演出观众人次（万人次）	博物馆（个）	博物馆参观总人次（万人次）
1978	4.44	0.46	1218	7787	4569	3150	79395	349	
1990	15.19	1.33	2527	12435	55756	2805	51012	1013	
2002	83.66	6.51	2697	18854	42516	2587	46168	1511	11991
2012	480.10	35.86	3076	43437	40575	7321	82805	3069	67059
2019	1065.02	76.07	3196	90135	—	17795	123000	5132（非国有 1722）	114732

---

① 2007 年之前艺术表演团体数量为文化部门系统内部数据，之后含非文化部门单位。1978 年、1990 年文化站数据未包含其他部门所属乡镇综合文化站。

◎数字文化服务能力快速提升

文化信息资源共享工程覆盖城乡的服务网络基本建成，已覆盖城市社区和农村自然村。2011 年启动的数字图书馆推广工程，建设速度很快，到 2013 年 8 月，虚拟网骨干网络基本搭建完成。截至 2017 年，公共图书馆电子图书达 10.3 亿册，计算机 22.1 万台，其中供读者使用的电子阅览终端 14.43 万台；全国文化信息资源共享工程和数字图书馆推广计划资源总量近 700TB。借助虚拟网，地方图书馆不仅可以访问国家图书馆的海量数字资源，还可以在省内各馆之间便捷地进行数据传输，实现数字资源与服务的共建共享。今后的主要任务是，进一步解决文化发展不平衡、不充分的问题，提高文化服务的质量与效益，满足人民日益增长的美好生活需要。

改革开放以来中国传媒产品发展情况

项　目	1978 年	1990 年	2002 年	2012 年	2018 年
报纸种类（种）	186	1444	2137	1818	1871
报纸出版印数（亿份）	127.8	211.3	367.8	482.26	337.3
期刊种类（种）	930	5751	9029	9867	10139
期刊总印数（亿册）	7.6	17.9	29.5	33.48（34）	22.9
图书种类（种）	14987	80224	170962	40 万	51.9 万
图书总印数（亿册）	37.7	56.4	68.7	79.25	100.1
电影故事片（部）	46	超过 100	169	893	902

公共文化服务的共建共享

随着基本公共文化设施逐渐完善，公共文化服务体系建设重心转向丰富群众性的文化活动。在基层，由于单个的基层文化馆（站）规模小、人员少，孤立分散，乡镇（街道）和村（社区）致力于建设集宣传文化、党员教育、科学普及、普法教育、文化活动、体育健身等功能于一体的综合性文化服务中心，实现集约化。在县一级，实行县级文化馆、图书馆"中心馆—总分馆"服务体系建设，推动图书馆分馆与农家书屋的联建共享、互动融合，发挥县级总馆在县域公共文化建设中的中枢作用，通过分馆把优质公共文化服务延伸到基层农村，增加公共文化产品和服务供给。截至2019年底，1649个县（市、区）建成文化馆总分馆制，1711个县（市、区）建成图书馆总分馆制。此外，各地积极推进戏曲进乡村，2019年为国家级贫困县的12984个乡镇配送8万场戏曲演出；拓展提升公益电影固定放映点建设；开展好"百姓大舞台""百姓大讲堂""百姓直通车"系列惠民乐民活动。

针对供给主体结构单一现象，2013年中国开始打破体制壁垒，改变由政府大包大揽的格局，推动公共文化服务社会化发展，突出培育文化非营利组织，扶持壮大民办公助文艺团体，扶持民营博物馆、实体书店发展。《关于深化国有企业改革的指导意见》明确规定公益类国有企业保障民生、服务社会、提供公共产品和服务的职能，扩大公共文化服务体系社会主体。2014年，上海浦东图书馆试点法人治理结构改革，在13位理事会成员中，包括理事长在内，有11位是社会人士代表。2015年，公共图书馆、博物馆、文化馆、科技馆等组建理事会，吸纳有关方面代表、专业人士、各界群众参与管理。国家还规定，除了文化部门、新闻出版广电部门主管的文化设施之外，工会、共青团、妇联、科协等部门所拥有的各类文化设施也要作为公共文化设施，纳入公共文化服务范畴，全面盘活文化资源存量，增加供给。在地广人稀、人口分散的少数民族地区、边疆地区、边远山区和农牧区，要积极发展流动文化车、汽车图书馆和流动剧场等流动文化设施。

图书借阅是最为基本的公共文化服务。国家实施全民阅读战略，推进全民阅读活动和农家书屋、城乡阅报栏（屏）、出版物发行网点

2008 年 4 月 22 日，南京首个汽车图书馆与社区居民见面。

等重点项目建设，约 10 亿册图书被送到了农村读者的家门口，有效读者达到了 9 亿人。深圳市早在 2000 年就开始举办读书月活动，营造一种"以读书为乐"的生活方式。2013 年，深圳获得联合国教科文组织授予的"全球全民阅读典范城市"称号。河南洛阳建设"书香洛阳"，按照"15 分钟阅读圈"的标准要求，建设全民阅读设施服务网络，完善包括公共图书馆、基层文化服务中心图书室、城市书房、社区书房（农家书屋）、24 小时自助图书设备、线上图书馆、流动图书车等设施网络，并开展专题讲座、交流笔会、经典诵读等阅读分享活动，丰富市民文化生活。随着这一活动的开展，实体书店近年来进入新的复苏时代，不少城市出现 24 小时书店。

　　覆盖城乡、免费开放的文化馆（站）、文化活动中心为群众文艺搭建了平台。政府鼓励专业艺术表演团体为群众提供艺术指导，帮助创排节目，培养演艺人才，并举办中国农民歌会、中国老年合唱节、中国少年儿童合唱节等活动，提高群众文艺水平，丰富群众文艺活动。1991年，文化部创立"群星奖"，起初每年举办一届，每届评选一至两个门类；2004年开始每三年举办一届，分七个门类，分别是美术、书法、摄影、音乐、舞蹈、戏剧和曲艺，每个门类分成人、少儿、老年三个组别，对优秀群众文艺作品进行表彰。截至2019年，"群星奖"共评出获奖作品3000多件。

各地加大惠民演出力度，在各类文艺演出特别是艺术节、演出季、展演活动中实行低票价，开展"文化下乡"、戏曲进校园进乡村等惠民演出活动，努力让更多群众享受艺术发展成果。在第十一届中国艺术节上，100元以下的低价门票占总票量的65%，其中20元的门票占总票量的30%；2017年、2018年国家艺术院团演出季中，80元以下的低价门票占总票量的50%。2013年至2019年，全国艺术表演团体

2013年10月31日，河南省安阳市豫剧团为内黄县东庄镇西街村居民送去戏曲表演《绣花女传奇》。

演出场次从165万场增加到296.8万场，观众人次从9亿增加到12.3亿。2019年，各级艺术表演团体赴农村演出171.27万场，是改革开放初期的8倍。

各地广泛开展针对特殊群体的公共文化服务，加强对未成年人、老年人、进城务工人员、残障人群文化权益的保障。2010年5月，国家图书馆少年儿童馆暨少儿数字图书馆正式开放。公共电子阅览室建设计划全面实施，已建设乡镇、街道、社区等各级站点42654个，重点向未成年人、老年人、农村进城务工人员等群体提供服务。2011年，国家有关部门联合下发《关于进一步加强农民工文化工作的意见》，提出了以公共文化服务体系为支撑，逐步形成"政府主导、企业共建、社会参与"的农民工文化工作机制的总体思路。安徽省重点推进"农民文化乐园"建设，并鼓励设置"留守儿童活动室""妇女之家"。

残疾人文化服务被纳入国家公共文化服务体系。有关部门携手合作，建设"中国盲人数字图书馆"和"中国残疾人数字图书馆"，实施"盲人数字阅读推广工程"等项目，为残疾人提供无障碍图书、讲座、音乐等文化服务。2017年，全国省、地市级电视台已开设电视手语栏目285个，广播电台共开设残疾人专题广播节目223个，省、地、县三级公共图书馆共设立盲文及盲文有声读物阅览室959个，座席数达2.5万个。各地还开展残疾人文化周和"共享芬芳"公益巡演展览等文化活动，每年有200多万残疾人参与。努力发展残疾人特殊艺术，每四年举办一届全国残疾人艺术汇演，每届直接和间接参与的残疾人达10余万人。全国各类残疾人艺术团体快速发展，已达281个，残疾人文化艺术从业人员近30万名。

美术馆、博物馆、科技馆等场馆的公共性凸显。2017年9月，教育部印发《中小学综合实践活动课程指导纲要》，提出地方教育行政部门要强化公共资源间的相互联系和硬件资源的共享，为学校利用校外图书馆、博物馆、展览馆、科技馆等各种社会资源提供政策支持。

随着家长对艺术启蒙日益重视，小观众"占领"展厅已成为常态，对少年儿童专业导览的需求大增。自 2006 年起，中国美术馆建设了一支专业化的志愿者队伍提供导览服务。这支志愿者队伍基本稳定在 100 余人，每年服务观众约 10 万人次。为服务更多的孩子，中国美术馆还根据不同展览推出了一系列儿童绘画卡、展厅导读手册、亲子探索手册等教育材料，鼓励自助式体验，家长可以借助这些材料陪孩子观展。中国美术馆正在推进与北京市中小学的"馆校合作"，通过与北京教育学院合作，将美术馆教育资源纳入对教师的教研培训当中。民营美术馆也积极投入公益性的"馆校合作"。从 2010 年起，尤伦斯当代艺术中心与"农民之子"建立了长期合作。"农民之子"是致力于流动人口社区教育和流动儿童教育的民间公益组织。两家联手之后，主动联系学校，邀请艺术家为孩子们作专场导览。中国美术馆也长期联络邀请残障机构、自闭症机构等特殊教育机构的老师、孩子参

2018 年 4 月 24 日，辽宁省盲人数字阅读推广工程与辽宁省公共图书馆第七届全民读书节同步启动。

某城市居民小区举办"交响乐之夜"活动。

与公共教育活动。

　　上海文化广场有 20 多个年轻的志愿者，以"广场小白"的名义，在完成剧院日常演出活动、后台管理的同时，用"私人定制"方式为受众提供贴心服务，消弭了观众与剧场之间的距离，承担了公益文化服务、艺术普及教育的重任。2017 年，上海"广场小白"组织线下公益活动 198 场。近年来，上海构建市、区、街镇、居村四级公共文化内容配送体系，百姓从公共文化配送移动平台点单，在家门口就能获得适合需求的公共文化产品。

文物从保护到保护利用

　　作为世界几大原生文明中唯一未曾间断、延续至今的中华文明，积淀了极为丰富的文化遗产。目前，涵盖物质文化遗产、非物质文化

2004 年 4 月 8 日，南京市文物保护部门的施工团队对年久失修的古城墙和古建筑宫殿进行修缮。

遗产两大要素的文化遗产整体观被确立，"见人见物见生活"的理念深入人心，保护文化遗产的能力不断增强，保护文化遗产的中国经验不断丰富。

文物是国家不可再生的文化资源，但 1840 年鸦片战争以来，由于战争、盗掘和劫掠等，文物破坏、流失严重。据统计，抗日战争期间，仅南京市的各类公私文物损失就达 1180982 件又 1449 箱。新中国成立前夕，中国共产党即着手保护文物。1948 年 11 月底，平津战役打响。为保护北平这座著名文化古都，中国共产党在军事上采取了"打谈结合、以打促和"的方针，力争北平免于战火，并请古建筑专家梁思成在地图上标出北平重要文物和古建筑的方位，以防止因炮击损毁。在各方努力下，北平和平解放，文化古迹得以保存。1949 年解放大军南下。5 月 7 日，周恩来明确要求前线解放军部队对浙江南浔镇刘氏嘉业堂藏书楼和太原城内藏有南宋雕刻的碛砂版大藏经的普善寺"特予保护"。前者为私家藏书楼，藏书多达60万卷。周恩来还指示编印了《全国古建筑文物简目》，分发给解放军各部，要求重点加以保护。许多文化古迹名胜因此得以保存。

新中国成立后，中央人民政府政务院颁布法令，明确"对文化遗产的保管工作，为经常的文化建设工作之一"，建立机构，对外禁止盗运，对内严禁破坏，改变了中国文物被掠夺、被破坏的历史。文化部设置文物事业管理局，选拔一批优秀的专家学者担负文物局的行政管理工作；在各省（自治区、直辖市）设置由省政府副主席兼任主任的文物保护管理委员会。全国各地设有文物考古研究所、博物馆、纪念馆、古建筑保护研究所等文物事业单位，负责本地区的文化遗产调查、发掘、研究、保护以及文物藏品的收藏、保管、研究和展示工作。1950年，政务院先后颁布了《禁止珍贵文物图书出口暂行办法》《征集革命文物令》《古迹、珍贵文物、图书及稀有生物保护办法》《古文化遗址及古墓葬之调查发掘暂行办法》《关于保护古文物建筑的指示》等一系列文物保护法规政令，初步建立起文物保护的秩序。1956年，国务院（1954年9月政务院更名为国务院）颁发《关于在农业生产建设中保护文物的通知》。该通知要求文物保护工作不能仅依靠政府，而要加强领导和宣传，使保护文物成为广泛的群众性工作。1961年3月，国务院公布《文物保护管理暂行条例》，规定"一切具有历史、艺术、科学价值的文物，都由国家保护"，对考古发掘、博物馆建设、文化保护单位、文物的修缮等进行规范管理，同时公布了第一批共180处全国重点文物保护单位名单。截至1965年，全国共公布省级文物保护单位达5572处。1972年至1973年马王堆汉墓发掘，引发社会各界对文物工作的重视，国务院就此发布《关于加强文物保护工作的通知》，强调"出土文物是祖国珍贵的文化遗产"。1982年11月出台《中华人民共和国文物保护法》，首次以国家法律形式规定了文化遗产管理工作，标志着中国文物保护工作走上依法管理的轨道。

2016 年，云南陆军讲武堂历史博物馆对主体建筑外立面实施保养维护工程。

1985 年，中国加入《保护世界文化和自然遗产公约》（《世界遗产公约》）的缔约国行列。至 2019 年，中国共有长城、敦煌莫高窟、良渚古城遗址等 55 项世界遗产，与意大利并列世界第一。中国是世界上拥有世界遗产类别最齐全的国家之一，也是世界文化和自然双重遗产数量最多的国家，其中首都北京拥有 7 项世界遗产，是世界上拥有遗产项目数最多的城市。贵州省铜仁梵净山是中国的第 53 处世界遗产地。它不仅是千年佛教名山，而且保留着自全新世和第四纪冰期以来的重要生态过程，有着明显的植被垂直光谱和完整的生态系统结构和功能，森林覆盖率达 95% 以上，保留了大量古老、珍稀濒危和特有物种，拥有 4394 种植物和 2767 种动物。2019 年 7 月申遗成功的良渚古城遗址，距今已有 5300—4300 年，经在古城东北面勘探，已发现良渚时期的台地近百处，为中华 5000 多年文明史提供了实证。

文物普查是文化遗产保护的重要基础工作。中国分别于 1956 年、

1981 年、2007 年组织了三次全国性文物普查，于 2012 年开展了第一次全国可移动文物普查，目的是健全文物保护体系，保障文物安全。普查登记国有可移动文物约 1.08 亿件（套），登录珍贵文物 385 万件，其中一级文物近 22 万件、二级文物 55 万多件、三级文物 300 万多件，新发现了一批重要文物。不可移动文物近 76.7 万处。中国已公布八批全国重点文物保护单位，共 5058 处。全国共有各类文物机构 10562 个，文物藏品 5130.19 万件，其中，博物馆文物藏品 3955.38 万件（套）。国家命名历史文化名城 133 座，历史文化名镇 252 个、名村 276 个，传统村落 4153 个，重要农业文化遗产项目 91 个。

　　文化遗产管理逐步实现由文物管理向文化遗产的综合管理、从保护到保护利用的转变。20 世纪 90 年代，中国提出了"保护为主，抢救第一，合理利用，加强管理"的文物工作方针，基本形成了国家保

2017 年 5 月 16 日，黑龙江省黑河市第一次全国可移动文物普查成果展开幕。

护为主，动员全社会参与的文化遗产保护体制，实行属地管理、分级负责的管理模式。2000 年 10 月《中国文物古迹保护准则》强调"文物古迹应当得到合理利用"，且"利用必须坚持以社会效益为准则，不应当为了当前利用的需要而损害文物古迹的价值"，进一步明确了在中国文化遗产管理中要统筹协调保护与利用的思想。20 世纪末 21 世纪初，因过度追求经济利益而导致过度利用甚至破坏文化遗产的情况时有出现，保护与利用矛盾凸显，国家多次出台文件调控和改变"重利用轻保护"现象。2002 年修订《中华人民共和国文物保护法》。2005 年 12 月，国务院发布《关于加强文化遗产保护的通知》，规定每年 6 月的第二个星期六为中国的"文化遗产日"，部署了对国家文化遗产的综合性保护。"保护为主与合理利用"成为中国文化遗产管理制度的主旨。国务院先后颁布了《传统工艺美术保护条例》（1997年）、《中华人民共和国文物保护法实施条例》（2003 年）、《历史文化名城名镇名村保护条例》（2008 年）、《博物馆条例》和《关于办理妨害文物管理等刑事案件适用法律若干问题的解释》（2015 年）等法律法规。

文物保护由抢救性保护为主向抢救性与预防性保护并重转变。长城是中国重要的地理和文化标识，是人类文明史上最伟大的建筑工程之一。秦汉长城建于两千多年前，是中国现存的体量最大、分布范围最广的文化遗产，它的保护历来受到高度重视。新中国成立伊始即开展长城调查与保护工作。1961 年起，一批长城重要点段被陆续公布为全国重点文物保护单位。1984 年，邓小平号召"爱我中华，修我长城"，推动了长城保护工作全面开展。2006 年，国务院颁布《长城保护条例》，进一步明确了各级政府和有关部门的法定职责，规定对地处偏远、没有保护单位的长城段落，应聘请当地群众担任长城保护员，对长城进行巡查看护。2010 年完成长城资源调查田野工作，2012 年完成长城认定，2015 年建成中国长城资源信息系统，2016 年完成省级规划。

在此基础上，国家文物局主持编制《长城保护总体规划》。2019年1月，中国发布《长城保护总体规划》，建立长城保护传承利用长效工作机制。规划提出原址保护、原状保护的总体策略，确定长城保护的重点是秦汉长城和明长城。对于绝大多数长城点段，重点做好日常养护、局部抢险和标识说明。对于价值突出的点段，在开展考古研究的基础上，按照最低程度干预和真实性原则，实施局部修缮加固，设置展示服务设施，展示长城文化景观。对砖石长城、土长城，还有建筑形态保存较好的长城，坚持因地制宜，分类保护。支持各类社会力量参与长城保护。从2016年开始，中国文物保护基金会发起"保护长城加我一个"全民公募项目，利用社会力量和社会资金进行长城文物本体保护维修。相关部门合理控制长城参观旅游区游客数量，加强游客参观行为的管理，增强参观者的文物保护意识。2019年，国家开始规划长城、大运河、长征国家文化公园建设。

拱宸桥是中国大运河南端起点的标志性建筑，始建于1631年，全长98米，高16米，素有"江南运河第一桥"之称，现为全国重点文物保护单位。

2016年2月25日，河北省文物保护中心专家正在修复一件宣化辽墓出土的木俑。

大运河开凿于1600多年前，是世界建造时间最早、使用最久、空间跨度最大的人工运河，是中国东部平原上的伟大水利建筑工程。西藏的布达拉宫，始建于7世纪，是藏王松赞干布为远嫁西藏的唐朝文成公主而建，与罗布林卡、萨迦寺并列为西藏三大重点文物保护单位，主体得到修缮保护。长江三峡工程是先进行10年的文物发掘、保护工作，然后才动工搬迁的，其文物保护工作在世界上影响很大。世界文化遗产都江堰古建筑群在汶川地震后得到抢救保护。云南丽江古城，是历史悠久和文化灿烂的名城，也是中国罕见的保存相当完好的少数民族地区的古城。中国土司遗址，是湖南、湖北、贵州、云南等多民族地区的"土司"行政与生活中心聚落遗存，展现了中央与地方在民族文化传承和国家认同方面的共同价值观。云南红河哈尼梯田，总面积约100万亩，是哈尼族人民1300年来生生不息"雕刻"出的山水田园风光画，表现出哈尼族地区农田种植和管理的特点。革命文物、历史遗址、水下文物的保护进程也加快了。2019 年，中国确定了第一批 15 个革命文物保护利用片区名单，印发革命旧址保护利用导则，编制红军长征湘江战役烈士纪念设施保护总体规划，开展北京香山革命纪念地和闽西、金寨、阿坝革命文物保护工程，全面开放延安鲁艺旧址。

北京故宫，旧称紫禁城，是明清两个朝代的皇宫，曾有 24 位皇帝在此居住，是世界上现存规模最大、保存最为完整的木质结构的宫殿型建筑，被誉为世界五大宫殿之一。1987 年，故宫入选了世界文化遗产，是全国重点文物保护单位、国家 5A 级旅游景区。故宫博物院在保护文物的同时突出其艺术价值、文化价值和历史价值，拉近故宫与公众的距离。2019 年，故宫举办了"紫禁城上元之夜"文化活动，点亮华灯，请万千市民、男女老少一起观灯赏景共贺良宵。这是故宫建设 600 年来首开夜场元宵赏灯，流光溢彩照亮紫禁城，并在大殿屋顶展示《清明上河图》投影，使古老与现代对接，弥补和更新了中国人对于上元佳节的追忆与期待。《我在故宫修文物》纪录片，重点介

2019 年 2 月 20 日，"紫禁城上元之夜"第二晚，灯火璀璨，游人如织。

绍了北京故宫的"文物医生"修复书画、青铜器、钟表、木器、陶瓷、漆器、百宝镶嵌、织绣等门类的稀世珍奇文物过程和修复者的生活故事。2012—2017 年，全国累计完成文物修复和博物馆藏品预防性保护项目 1000 余项，修复文物 4 万余件。全国有文物科研机构 122 家，考古发掘资质单位 80 家。

2017 年初，《关于实施中华优秀传统文化传承发展工程的意见》发布，国家进一步加强对文化遗产的保护与传承的顶层设计、分类指导。关于文化遗产保护的文件密集出台，文化遗产保护的制度化、法治化进展加快，如《中国重要农业文化遗产管理办法》《关于推动文化文物单位文化创意产品开发的若干意见》《中国传统工艺振兴计划》《关于推进工业文化发展的指导意见》《国家工业遗产管理暂行办法》《关于加强文物保护利用改革的若干意见》等。70 年来，中央和地方政府制定颁布的涉及文化遗产保护事业的相关法律法规、部门规章及规范性文件等达 400 余项，中国文化遗产保护已步入法治化、规范化的轨道，并拓展文化遗产管理的分支领域，延伸文化遗产管理的时空范畴，先后加强了对传统节日、长城遗产、工业遗产、老字号遗产、大运河遗产、20 世纪遗产、文化线路遗产、农业文化遗产、南海丝路文化遗产、抗战文物、"一带一路"文化遗产和儒学遗产等的专项管理，并由文化遗产本体保护延伸到对周边环境和文化生态的整体保护。

中华古籍保护也是一项重要工程。中国至少有三千多年的文字历史，有著书立说以传承文化的传统。2500 年前，孔子整理夏、商、周三代的治国思想和经验，编定了中国最早的经典文本。而后，经典代代相传，文人记述不断，积淀了浩如烟海的古代文献典籍，是极为宝贵的精神财富，具有很高的学术价值。新中国成立以来，国家高度重视古籍保护工作，1958 年国家在领导科学研究的最高机构全国科学规划委员会下设立了古籍整理出版规划小组，有近百名古籍整理方面的专家成员，投入巨资，领导规划、编辑、出版古籍。2007 年，国务院办公厅发布《关于进一步加强古籍保护工作的意见》，实施"中华古籍保护计划"，开展古籍普查，改善古籍保管条件，加强古籍保护队伍建设，开展古籍再生性保护和开发利用。随即建立了全国及各省（自治区、直辖市）古籍保护中心，并成立了全国古籍保护工作专家委员会。实施了国家清史纂修工程、中华古籍特藏保护计划等重大项目，启动以中华古籍数字化出版、中华大典编纂出版为代表的国家重大出版工程。为抢救流散到海外的中华古籍，2007 年中国社会科学院历史所组织成立了域外汉籍珍本文库编纂委员会，让汉籍回国。截至 2018 年，《域外汉籍珍本文库》已出版 800 余册图书，包含宋元珍本、明清佳刻、名稿旧抄等 2000 多种珍稀汉籍，绝大多数为国内首度出版。2013 年，北京大学斥资 1 亿多元人民币购买日本大仓集古馆藏书，这是中国首次大量回购海外中国典籍。相关部门还评选和建立国家珍贵古籍名录，2016 年，已在全国范围内评选了 5 批 12274 种珍贵古籍，其中既有大

2018 年 9 月 28 日，国家图书馆的镇馆之宝之一《永乐大典》亮相国家典籍博物馆"旷世宏编 文献大成"文献展。

量汉文典籍，也有多种少数民族文字古籍。全国有180家单位被命名为"全国古籍重点保护单位"。加强古籍修复工作，先后成功修复《赵城金藏》、《永乐大典》、西夏文献、敦煌遗书等国宝级珍贵文献。

2017年8月，文化部发布《"十三五"时期全国古籍保护工作规划》，这是中国古籍保护工作方面的首个五年规划。该规划列出中华古籍普查登记、珍贵古籍保护、国家级古籍修复中心和古籍保护实验室建设、古籍整理出版和数字化建设以及中华优秀文化典籍推广5个专栏共16个重点项目，进一步建立科学、规范、有效的古籍保护制度。

中国文化遗产资源总量大、种类多、分布广，保护任务非常繁重。浩繁的资源与有限的保护利用传承发展能力之间的矛盾依然突出，特别是工业化、城镇化的加速推进，造成了不少古建筑、古遗址、古村落、工业遗产等消失。为此，中国努力推动"保护好古建筑、保护好文物就是保存历史，保存城市的文脉"共识的形成，提升文化遗产、古建筑对于城市发展、旅游业发展的独特文化价值。许多重点文物保护单位和博物馆已成为地方旅游业发展的重要品牌和依托，促进经济社会发展，地方政府的保护意识和文化自觉意识有所增强。2017年2月发

中国第一批世界文化遗产之一秦始皇陵

苏州同里古镇退思园

布的《国家文物事业发展"十三五"规划》，提出要"多措并举让文物活起来"，强调"坚持创造性转化和创新性发展，着力拓展文物合理适度利用的有效途径"，"努力走出一条符合国情的文物保护利用之路"。该规划将文物利用拓展到新型城镇化、新农村建设、扶贫攻坚、美丽中国建设、人文城市建设等领域，突破了对发展旅游的单一依赖，实现了文化遗产保护与经济社会发展的更广泛融合。该规划提出的"促进文化创意产品开发"，突破了仅依赖文化遗产本体的利用途径，建立了依托文化遗产价值的新型利用方式，并着力推动文化遗产保护与利用在目的、手段以及过程等维度的全方位融合，破解保护与利用相冲突的文化悖论，协同推进文化遗产保护利用的一体化实现。像徽派民居、山西大院等承载着中国千百年历史记忆的古民居，江南粉墙黛瓦的乌镇，小桥流水的绍兴仓桥直街，都在尝试通过"活化"方式来保护，即通过旅游开发，在保护中开发，在开发中保护。这些地方以政府资金作保障，对古建筑进行整体修葺，整旧如旧，通过文化与特色古镇、古民居的融合，建设高品质综合型文化旅游目的地，吸引游客前来观光，以旅游收入弥补保护资金的不足。部分徽派民居实施整体搬迁，即将散落在各个村庄的零星古建筑，选择一个新地点重新复原，修旧如旧。

苏州园林保护具有代表性。它是一种综合中国传统绘画、建筑、园艺、工艺等多项门类的集大成艺术，是江南文化最具标志性的意象之一。新中国成立初期，苏州市在百废待兴中抢救性修复了12处重点园林，在改革开放后又抢抓机遇修复了15座古典园林，使苏州这座"园林城市"的基本形态得到完好保存，为1997年和2000年包括沧浪亭、狮子林、拙政园等9座营造于不同时代的古典园林先后列入《世界遗产名录》创造了丰厚的实证。此后，苏州园林保护进入良性循环，大量修复散落于古城内外的园林群体。2018年，已有70座历史园林、38座当代园林累计108处园林列入《苏州园林名录》。苏州由"园林之城"成为"百园之城"，开启统一保护管理模式，受到了全世界的关注。

中国的文化遗产保护越来越全面。2018年1月，中共中央、国务院发布《关于实施乡村振兴战略的意见》，提出"切实保护好优秀农耕文化遗产，推动优秀农耕文化遗产合理适度利用"，"划定乡村建设的历史文化保护线，保护好文物古迹、传统村落、民族村寨、传统建筑、农业遗迹、灌溉工程遗产。支持农村地区优秀戏曲曲艺、少数民族文化、民间文化等传承发展"。古村落保护工作重视对于村落本体的保护，给当地的文化生态带来了新的活力。浙江开展"拯救老屋"行动，主要针对古村落中一般意义的老房子，村民自愿申请，经过专业机构评估，由中国文物基金会、县政府、村民合作，由村民来组织实施保护。江西、云南、陕西也在推广这个模式，希望走出一条古村落保护的新路。

随着中国"一带一路"倡议的提出，2014年，中国与哈萨克斯坦、吉尔吉斯斯坦联合成功申报"丝绸之路：长安－天山廊道的路网"世界遗产，线路跨度近 5000 公里，沿线包括代表性遗迹共 33 处。上述国家加紧建设"一带一路"文化遗产长廊，成立丝绸之路国际博物馆联盟，进行文明的交流对话。中国积极开展文物保护援外工程。自 1998 年起，中国积极参与联合国教科文组织发起的"拯救吴哥古迹国际行动"，中国政府连续 20 年援助柬埔寨实施周萨神庙和茶胶寺保护修复与考古研究工作。2006 年中国为蒙古国博格达汗宫开展保护维修工程。据不完全统计，中国考古文博机构还在俄罗斯、孟加拉国、越南、缅甸、老挝、洪都拉斯、肯尼亚等 10 多个国家开展考古调查、发掘和文化遗产保护、古迹维修。中国参与创立濒危文化遗产国际保护基金。联合国教科文组织在中国设立了亚太地区世界遗产培训与研究中心和非物质文化遗产国际培训中心。政府间文物方面交流与合作不断深化，中国与 50 个国家签署双边协定或合作谅解备忘录。文物

2016 中国卡塔尔文化年交流项目《华夏瑰宝》特展

出入境展览和交流更频繁，比较重大的出境展览有《中国元代艺术展》《大三国志展》《中国古代帝王珍宝展》《丝绸之路展》《华夏瑰宝展》《西藏文化艺术与考古展》《秦汉－罗马文明展》等。

1997 年，中国加入《关于被盗或非法出口文物公约》，积极参与文化遗产保护及打击文物走私、追索海外流失文物等国际社会共同关注的课题。以此为基础，中国与 14 个国家签署了双边协定，先后从英国、美国、日本、丹麦等国追索收回流失境外中国文物 3000 余件。

非物质文化遗产保护传承

非物质文化遗产是中华文明绵延赓续的重要载体，是中华优秀传统文化传承实践的主要表现形式。非物质文化遗产概念是在 21 世纪初才提出的，在此之前，非遗保护的理念在国际上得到确立经历了很长的时间。1972 年联合国教科文组织通过《保护世界文化和自然遗产

京剧表演

2018 年 6 月 4 日，2018"锦绣中华——中国非物质文化遗产服饰秀"系列活动在北京恭王府博物馆开幕。

公约》，31 年后的 2003 年才有《保护非物质文化遗产公约》。它定义的非物质文化遗产，指被各社区、群体，有时是个人，视为其文化遗产组成部分的各种社会实践、观念表述、表现形式、知识、技能以及相关的工具、实物、手工艺品和文化场所。《中华人民共和国非物质文化遗产法》明确：非物质文化遗产"是指各族人民世代相传并视为其文化遗产组成部分的各种传统文化表现形式，以及与传统文化表现形式相关的实物和场所。包括：（一）传统口头文学以及作为其载体的语言；（二）传统美术、书法、音乐、舞蹈、戏剧、曲艺和杂技；（三）传统技艺、医药和历法；（四）传统礼仪、节庆等民俗；（五）传统体育和游艺；（六）其他非物质文化遗产"。

作为非物质文化遗产大国，中国于 2004 年 8 月率先加入《保护非物质文化遗产公约》，积极履行公约义务，探索形成了非遗保护的"中国经验"。此前，中国的非物质文化遗产以"民间文化"的形式得到保护。20世纪80年代，中国开始实施"民族民间文艺集成"工程，对各地区、各民族的传统音乐、舞蹈、戏曲、曲艺、故事、神话、传说、歌谣、谚语、节日文化、长篇叙事诗等进行全面的收集、整理、出版，使之文本化、典籍化。经过30多年的不懈努力，已收集40多万则民间故事、50多万条谚语、近20万首歌谣、100万首以上的音乐（包括声乐、器乐）素材、几十万笔传统节日文化记录等文化基础资源，分别进行数字化处理和保存，已建成戏曲、音乐、舞蹈、曲艺、民间文学等分类数据库。对民族英雄史诗的收集、整理，国家投入了大量的人力与物力。中国现已收集说唱艺人的录音9000多盘，并整理出版了部分范本。2017年完成全国地方戏曲剧种普查，查明全国共有剧种348个，相关部门组织编写《中国戏曲剧种全集》。2000年《云南省民族民间传统文化保护条例》在全国各省份中率先颁布，规定县级以上人民政府的文化行政部门应当会同民族事务等部门组织对本地区

2018年6月9日，"文化和自然遗产日"辽宁省非物质文化遗产展示展演季活动开幕，近百个非遗项目亮相沈阳。

的民族民间传统文化进行普查、收集、整理与研究。鼓励民族和文化艺术研究机构，其他学术团体、单位和个人从事民族民间传统文化的考察、收集与研究。保护研究成果，提倡资源共享。鼓励开展民族民间传统文化的交流与合作。从事民族民间传统文化考察与研究，应当注重对原生形态民族民间传统文化项目的保护与抢救，并且做到准确、科学。

2005年3月，国务院发布《关于加强我国非物质文化遗产保护工作的意见》，提出"保护为主、抢救第一、合理利用、传承发展"的非物质文化遗产保护方针，并部署开展非物质文化遗产普查，建立非物质文化遗产代表作名录体系，加强非物质文化遗产研究、认定、保存和传播，建立非物质文化遗产传承机制等四项任务。同年6月，启动普查工作，至2009年11月基本完成第一次全国非物质文化遗产普查工作，调查资源87万项，占全球90%以上。调查内容包括非遗数量和非遗项目产生的渊源、演变的历史过程、现状、传承人、保护措施等。2011年，中国颁布《中华人民共和国非物质文化遗产法》，从初始的比较单一的项目性保护，进入了整体性、系统性的全面保护阶段。主要举措是：建立县、市、省和国家四级非物质文化遗产名录体系，绘制国家非物质文化遗产资源分布图，确立非物质文化遗产传承人谱系，制定传承人资助办法，确定国家级民族民间文化生态保护区。2019年，非物质文化遗产保护专项规划（2019—2025）制定。

10多年来，中国初步建立了符合国情的非物质文化遗产保护制度，形成了"政府主导、社会参与、明确职责、形成合力"的工作机制。政府主导主要体现在立法、规划、指导和经费投入方面。截至2019年，进入四级（国家级和省、市、县级）非物质文化遗产代表性项目名录的非物质文化遗产达10万项，其中，市级43787项、省级15550项、国家级1372项。昆曲艺术、古琴、新疆维吾尔木卡姆、粤剧、《格萨尔》史诗、藏戏、蒙古族长调民歌、书法、篆刻、端午节、京剧、中医针

2006年8月13日，甘肃省甘南藏族自治州玛曲县的民间艺人在弹唱史诗《格萨尔》。

灸、皮影戏、珠算、二十四节气、"藏医药浴法"等40项非遗入选联合国教科文组织非物质文化遗产名录，其中15项为少数民族项目，反映了中华文化的多元一体特征。非遗项目分散在祖国各地，受到的重视程度和保护传承的力度在不同地区存在着较大差异，部分非遗项目没有得到妥善保护和有序传承。很多非遗传承人年事已高，保护传承时不我待。

被国际学术界誉为"东方的荷马史诗"的《格萨尔》，是世界范围内迄今为止发现的最长的活形态史诗，是传承中华优秀传统文化的瑰宝。但由于传播范围广，流传时间长，说唱艺人的艺术加工形式不一，加上翻译者、记录者的文化水平和语言使用存在差异，《格萨尔》版本众多而混杂，使全貌若隐若现。更为严峻的是，掌握传统《格萨尔》版本的说唱艺人越来越少，用于传承和研究的经典资源越来越稀缺。西北民族大学《格萨尔》科研团队进行抢救性挖掘整理工作，经过64

年的收集、精选、翻译、注疏、校对、完善，取得了重大阶段性成果，于 2018 年 11 月将 3 卷 30 册学术著作《格萨尔文库》付梓，为《格萨尔》的传承与研究奠定基础。

2017 年 11 月，"甲骨文"项目成功入选《世界记忆名录》，汇集海内外学者的甲骨学由冷门学科正变为一门显学。

鉴于非物质文化遗产项目中作为传承主体的传承人是非遗保护的关键，而非遗传承人年纪普遍偏大，存在人去艺绝的现象，2008 年，文化部颁布《国家级非物质文化遗产项目代表性传承人认定与管理暂行办法》。10 年间，中国已认定了五批 3068 名国家级非遗代表性项目代表性传承人，各省（区、市）认定了 14928 名省级代表性传承人。非遗名录体系的建立，既提高了全社会对非物质文化遗产的认知和认同，也宣示了保护传承文化遗产的责任。2013 年以来，中央财政投入非遗保护经费 64 亿元，地方财政累计投入非遗保护经费 39 亿元，中

2015 年 10 月 14 日，由国家图书馆主办的甲骨文记忆展在国家典籍博物馆开幕。

央安排 12.7 亿元建设 175 个非遗保护利用设施。2016 年起，国家级代表性传承人传习补助从每年 1 万元提高到 2 万元。

非物质文化遗产种类繁多，内涵丰富，表现形式多样。非物质文化遗产名录将非遗项目分为民间文学、传统音乐、传统舞蹈、传统戏剧、曲艺、传统美术、传统体育游艺与杂技、传统技艺、传统医药和民俗 10 个类别。国家因类制宜，分别实施了抢救性保护、原生态保护、生产性保护、整体性保护等策略。

在 2008 年汶川大地震中，羌族非遗以及羌文化所依附的生态链遭遇了前所未有的危机，对濒危文化遗产抢救性保护被纳入国家《汶川地震灾后恢复重建条例》，得以实施。同年底，羌族文化生态保护实验区成立，建设茂县羌族博物馆新馆、北川羌族民俗博物馆等非遗基础设施，建立羌年、羌族碉楼营造技艺、羌绣等传习场所 4 处，让羌族语言、服饰、饮食、村落布局、民居建筑、风俗习惯、礼仪节庆、

2008 年 7 月 19 日，由北京中华民族博物院、北京民族文化遗产保护基金会主办的羌族文化遗产展览在中华民族博物院羌族博物馆开幕。

民间艺术、手工技艺等文化特征都得到了保护和传承。这不仅让因地震损毁的羌族鲜活文化形态得到抢救和保护，而且让灾区的羌族群众重拾文化记忆、重建精神家园，体现了"见人见物见生活"的非物质文化遗产保护理念。

第一批被命名的 41 个国家级非物质文化遗产生产性保护示范基地，使包括北京的景泰蓝制作技艺、荣宝斋木版水印技艺和装裱修复技艺、山西老陈醋酿制技艺、江苏省宜兴紫砂陶制作技艺、西藏藏医药、维吾尔族乐器制作技艺等在内的传统技艺通过生产融入当代社会生活，获得持久性传承。2017 年中国发布《中国传统工艺振兴计划》，公布了第一批 383 项国家传统工艺振兴目录，其中纺织织绣 81 项，服饰制作 22 项，编织扎制 28 项，雕刻塑造 48 项，家具建筑 17 项，金属加工 16 项，剪纸刻绘 58 种，陶瓷烧造 37 种，文房制作 25 项，漆器髹饰 17 项，印刷装裱 2 项，食品制作 5 项，中药炮制 7 项，器具制作 19 项。国家支持拥有较强设计能力的高校、企业和相关单位，在新疆哈密、青海果洛、湖南湘西等传统工艺项目集中地区设立了 11 个传统工艺工作站，帮助当地传统工艺企业和从业者解决工艺难题，提高产品品质，培育品牌。非遗不仅仅是某种文化传统的表现形式，还包括其内容本身。中国从整体性保护的原则出发，对非遗及其孕育发展的环境进行区域性整体保护，截至 2019 年，设立了 21 个国家级文化生态保护实验区，其中有 11 个位于民族地区，各省（区、市）设立了 146 个省级文化生态保护区。为提升非遗保护传承能力、扩大传承队伍，2015 年中国开始实施非遗传承人群研修研习培训计划，确定清华大学美术学院、中央美术学院等 20 余所院校为研修培训试点院校，现在已扩大到 110 余所院校，已累计培训学员 10.06 万人次。为研究探索口头传统和表演艺术类项目的保护传承，《关于支持戏曲传承发展的若干政策》提出加大对基层传统戏剧表演团体的支持力度，着力提高演出频次。

为保护中国丰富的语言资源，中国政府自 2015 年起组织实施中国语言资源保护工程，收集记录汉语方言、少数民族语言和口头语言文化的实态语料。以新疆为例，共设立 30 多个少数民族语言调查点、10 个汉语方言调查点、6 个濒危语言调查点。政府支持新疆以汉文和维吾尔文翻译、整理、出版了濒于失传的《福乐智慧》和《突厥语大词典》等古籍。

节庆和习俗是非遗的重要内容。与西方文明、伊斯兰文明不同，中华文明几乎没有神话英雄或宗教原教旨传承的全民性节庆体系。中国只有在对应农事人事的重大节气才有全民性的祭拜或庆贺仪式，如春节、元宵、清明、端午、中秋、重阳、冬至等，这些构成中国数千年传承的文化节庆体系，还影响到东亚、东南亚各国。节日习俗原建立在民间鬼神信仰的基础上，伴随很多禁忌和附会的内容，如年关躲避山魈恶鬼、上巳祓禊等等，又如端午划龙舟在最初与祭龙图腾有关。社会经济、文化的繁荣促进了节日文化的发展，民俗节日从祈福、消灾等礼俗主题向礼仪性、娱乐性、养生性的方向发展，演变成为真正的良辰佳节。例如，春节放爆竹原是一种驱鬼手段，现在变成了欢乐的音响，此外，还增加了舞狮、舞龙、旱船、高跷、秧歌、腰鼓等"百

2019 年 6 月 6 日，2019 届原故里端午文化节在湖北省宜昌市秭归县开幕。图为选手进行划龙舟比赛。

戏"活动；自1983年中央电视台首次推出春节联欢晚会，春晚成为中国的新年俗；随着电影市场快速发展，在早期的贺岁片基础上形成的电影春节档期逐步走向成熟，阖家看电影过年成为与年夜饭、看春晚、逛庙会并驾齐驱的富有时代特色的新年俗之一。元宵节祭神灯火变成了游艺观灯看热闹的活动；中秋节祭月变成了赏月思乡谈恋爱的佳时；重阳节由登高避灾演变为秋游赏菊的心旷神怡。在节日风俗的演变中，还增添了许多体育和文化娱乐活动，如放风筝、拔河等。节日内容日益丰富多彩，把节日民俗活动推向了高峰。

2008年，国务院公布的《全国年节及纪念日放假办法》，将清明节、端午节、中秋节列为国家法定节假日。部分传统民俗得到恢复，并形成了不少新的节日习俗，丰富了传统节日文化内涵。中华传统节庆文化包括全部少数民族的节庆文化，如藏民族几乎每个月都有节日，并伴有各种民间音乐舞蹈和很多用于节庆典礼的手工艺。它体现了包括精神信仰、审美情趣、感恩寄托、伦理亲缘、生活习俗等在内的丰厚文明价值内涵。但与西方文化中的圣诞节相比，中国节日还少了些如"圣诞老人"那样让年轻人喜欢的有趣的标志性符号及相关活动。

信息化时代的文化遗产保护

信息化时代为文化遗产保护提供了便利。实行文化资源数字化是激活中华文化瑰宝、实现中华优秀文化有效传播和传承的重要途径。中国"十二五"时期（2011—2015）文化改革发展规划纲要提出了文化数字化建设工程，包括文化资源、文化生产、文化传播和文化消费各环节全面数字化。自2001年起，国家启动全国文物调查及数据库管理系统建设。历经10年，全国各种博物馆积极采集馆藏珍贵文物数据，仅拍摄一级文物照片就达387万张。拉萨"数字化文物保护工程"于2013年启动。

文物的数字化保护开展最早最有成效的是敦煌莫高窟。屹立在古丝绸之路重镇上的甘肃敦煌莫高窟，完整保存了自北凉到元代绵延一千余年历史的佛教石窟艺术，至今仍有 735 个洞窟，其中有彩塑和壁画的石窟 492 个，是一处由建筑、绘画、雕塑组成的博大精深的综合艺术殿堂，是世界上现存规模最宏大、保存最完好的佛教艺术宝库，被誉为"东方艺术明珠"。它在历史的长河中除了受到大自然的侵蚀，还遭到国内外强盗的多次劫掠、偷盗与毁坏。为保护莫高窟这个脆弱的遗迹，2003 年，时任敦煌研究院院长樊锦诗提出，研究探索利用现代数字技术保护和开发莫高窟，创制了"数字敦煌"工程。10 年后已现成果：自 2014 年 9 月开始，现场参观莫高窟分为前端看数字展示中心、后端看石窟的方式。游客在进入莫高窟参观前，要先观看两部 20 分钟的全方位生动再现窟内实景的专题展示、数字电影，之后前往洞窟实体参观，去了解敦煌石窟的历史文化与艺术成就。2016 年 5 月，敦煌研究院还将全息影像技术与数字网络技术结合起来，打造出莫高窟 30 个经典洞窟、4.5 万平方米壁画的高清数字资源及全景漫游节目，向全球发布，海内外的观众应用网络以及 VR 等可穿戴设备，足不出户即可感受到一个视听兼备、可感可触的多模态虚拟莫高窟。"在线莫高窟"打破了莫高文化的时空限定性，大力拓展了其文化传播广度，并通过设立专用微信账号，为受众提供了即时提问、解答、互动的信息交流平台。通过跨国数字技术合作，百年来流落在英、法等国的部分珍贵的敦煌文物穿越历史、跨越国境重新团聚在一起。数字化 + 文物开放与保护方式，不仅优化了受众对"世界上最长、规模最大、内容最丰富的画廊"与"世界现存佛教艺术最伟大的宝库"的体验，有效地缓解了文物保护与旅游开放的矛盾，而且提高了莫高窟文化的普及与推广能力，为传承民族文化遗产、深化文化记忆、提升民族文化的国际化传播能力提供了重要的借鉴。

"要系统梳理传统文化资源，让收藏在禁宫里的文物、陈列在广

2014 年 6 月 18 日，游客在甘肃省敦煌市莫高窟数字展示中心参观。

阔大地上的遗产、书写在古籍里的文字都活起来。"文化遗产不能只是博物馆里"历史的陈列"，非遗保护并不是要把其"标本化"，而是要努力让文化遗产活化，这已成为当前中国文化遗产保护传承的重点方向。

《中国诗词大会》《朗读者》《致我们正在消逝的文化印记》《粉墨宝贝》《国宝档案》《国家宝藏》《经典咏流传》等代表性电视节目，在传播传统文化及文化遗产知识和信息方面发挥了积极作用。《国家宝藏》第一季以"纪录式综艺"节目模式，连接起了电视综艺、博物馆和公众。它集聚了国家级重点博物馆（院）的 27 件顶级国宝和 27 组国宝守护人，融合演播室综艺、纪录片、舞台剧表演、真人秀等多种表现形态，来解码中华文脉基因，反映上下五千年历史，为观众提供浸入式的体验场景，为博物馆提供了藏品阐释与展示的新方法，让沉睡的文物从馆舍迈向荧屏，呈现给大众，吸引更多人来关注文物、喜爱文物。节目播出以后，长尾效应突出，引起了线下的博物馆参观热，博物馆里的国宝与古典文化"活"了起来。

利用现代技术为非物质文化遗产提供虚拟展示和传播平台，是扩大非遗影响力的有效途径。政府和学术界提出"生产性保护""生活性保护"的理念，其宗旨是激活非物质文化遗产的潜能，让非遗从"情怀"走向日常生活，满足社会和大众的生活实用和艺术观赏需求。纪录片《传承》《了不起的匠人》《舌尖上的中国》等作品展示了"寻常百姓家"的非遗传承形态，提升了大众对文化遗产传承和保护的主动性和自觉性。特别是《舌尖上的中国》《风味人间》等讲述中国饮食文化的纪录片，既从专业角度讲述中华食材、烹饪特色，分享美味，发挥了视觉和听觉的极致效果，给观众带来味觉和嗅觉的神奇体验与想象，又诉诸情感，表达了对博大精深的中华传统饮食文化的深深眷恋，用温暖的食物体现人情温度、人文深度，播出后反响热烈。

"在生活中弘扬，在实践中振兴"，已成为当代中国非遗传承发展的共识，并不断扩大影响。着力打造集非物质文化遗产展示、保护、传承、交易、体验为一体的线上线下平台，是中国非遗活态呈现的一个形式。"2019 全国非遗曲艺周"进行了 7 场直播，累计观看人数达 1896 万人次，累计获得点赞 3607 万次。互联网助力非遗传承，盘活老字号老手艺。据淘宝发布的《非遗老字号成长报告》数据，在商务部认定的 1128 家中华老字号品牌企业中，有超过 7 成、近 800 个老字号在淘宝、天猫开店。而国家级非物质文化遗产名录中的近 5 成非遗手艺在淘宝上得到了实践与传承：从黑龙江赫哲族鱼皮画，到海南黎族织绣；从西藏藏族藏香，到新疆维吾尔族花毡；从天津狗不理包子，到成都钟水饺……经营类目从手工艺品到民族服饰、从绣品摆件到文房四宝应有尽有，从事非遗产业的淘宝商家遍布全国。传承人则表现出"坚守而不保守，传承也在创新"的精神，把传统文化元素与现代科技结合，推出文化遗产精品展览展示活动，开发优秀文化创意产品。国家非物质文化遗产项目皮影戏（泰山皮影戏）的国家级项目代表性传承人与腾讯游戏联合，开发"泰山英雄传"手机游戏、皮影 DIY、皮影微电影线上定制与展映等产品，实现皮影与网络、微电影的三方跨界，带动山东其他地方皮影艺术的传承与发展。

2018 年 5 月 28 日，重庆举行以"多彩非遗、美好生活"为主题的非遗进校园系列活动。图为小学生观看布艺制作。

中国把非遗保护传承与帮助贫困人口脱离贫困联系起来，即以深度贫困地区和少数民族地区为重点，设立非遗扶贫就业工坊，对有兴趣的人开展技能培训，使其参与传统工艺品生产，获得收入。2019 年，四川凉山、湖南湘西等地设立了 2310 个非遗扶贫就业工坊，涉及非遗项目 2206 个，帮助 22.02 万人实现脱贫。

国家还加强文化遗产学科建设和人才队伍建设。目前，中国相关本科专业点共有 251 个，在校生总数约 3.6 万人。许多高校的艺术类专业也在培养传统艺术传承发展人才。国家相关部门实施了文博人才培养"金鼎工程"和戏曲艺术人才培养"千人计划"。在中小学，优秀文化遗产内容开始进课程、进教材、进课堂。

中国是一个历史悠久、幅员辽阔、民族众多的国家，文化遗产十分丰富，分布非常广泛，有很多文化遗产仍需认真调查、精心保护和传承，有的文化遗产甚至还处于濒危状态或者濒临失传，更需要进一步实行有效的保护和传承。

第五章 文化产业发展

　　文化产业的发展极大地丰富了人们的精神文化生活，并在优化升级产业结构、推动地区经济发展和改善民生方面发挥出日益突出的效能。"互联网+"时代，文化产业新业态不断涌现。中国已成为世界上规模最大、增长最快的文化消费市场之一。

文化产业快速发展

改革释放活力。从改革开放初期实行"以文补文"的"双轨制"，到 2000 年实现经营性文化产业和公益性文化事业的分离，以国有大型文化事业单位改革为标志，文化产业化浪潮席卷文化领域。随着居民文化消费需求不断增长，多元化、多层次文化消费格局逐渐形成，文化产业发展一路高歌猛进，逐步形成了 9 个大类文化产业，包括新闻信息服务、内容创作生产、创意设计服务、文化传播渠道、文化投资运营、文化娱乐休闲服务、文化辅助生产和中介服务、文化装备生产、文化消费终端生产。文化产业增加值不断刷新，占 GDP 的比重不断提高。2002 年中国文化产业增加值为 250 亿元；2013 年，文化产业增加值 21351 亿元，法人单位 91.85 万户，从业人员 1759 万人。10 年间，法人单位增加了近 2 倍，从业人员增加了 1 倍。2012 年后，虽然政策效应衰减，但文化产业仍然展现了蓬勃的生机与活力。从 2012 年到 2018 年，文化产业增加值由 1.81 万亿元增加到 3.87 万亿元。2005—2018 年文化产业增加值年均增长 18.9%，高于同期 GDP 现价年均增速 6.9 个百分点。从对国民经济增长的贡献看，文化产业增加值占 GDP 的比重由 2004 年的 2.15% 提高到 2018 年的 4.30%，在国民经济中的占比逐年提高；对 GDP 增量的年平均贡献率 2004—2012 年为 3.9%，2013—2018 年进一步提高到 5.5%。同时，文化产业门类众多，产业链条长，就业容量大，就业形式灵活多样，对促进就业具有重要意义。2016 年，中国文化产业法人单位吸纳就业人员 2178 万人。

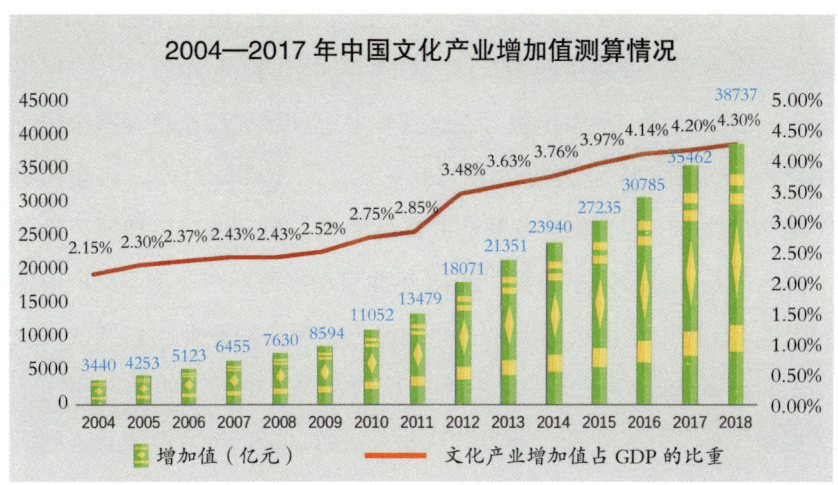

2004—2017 年中国文化产业增加值测算情况

增加值（亿元）　　　文化产业增加值占 GDP 的比重

随着文化体制改革的不断深入，文化产业集群化发展特征日渐明显。2018 年，全国共有文化骨干企业 6.0 万家，比 2012 年增长 64.3%，2013—2018 年年均增长 8.6%；从业人员为 845 万人，比 2012 年增长 20.9%，年均增长 3.2%；实现营业收入 89257 亿元，比 2012 年增长 58.6%，年均增长 8.0%。市场主体、经营方式日趋多元，文化产业规模不断扩大。从 2008 年起，光明日报社、经济日报社联合认定发布"全国文化企业 30 强"，至 2018 年已连续举办十届。第十届上榜企业的主营收入总和达 3768 亿元、净资产 4569 亿元，分别比第一届的 545 亿元、487 亿元增长约 6 倍和 8 倍。

文化产业发展区域差异大。长江三角洲地区领跑中国区域文化产业发展，文化产业增加值年均增长率达到 12.40%。在连续十届颁布的"全国文化企业 30 强"中，该地区占比超过 1/3，其中浙江上榜的数量居全国第一。浙江上市文化企业达 39 家，另有 100 余家文化企业成功登陆新三板。80% 以上的电竞公司、俱乐部、明星团队都集中在上海。江苏文化产业总值快速增长，从 2012 年的 2300 亿元增加到 2017 年的 3979.24 亿元，共有规模以上文化企业 7000 多家，资产总额、营业收入突破 1 万亿元。其次是东南地区与环渤海地区。2017 年，广东省文化及相关产业增加值超 4817 亿元，占广东 GDP 比重为 5.37%，约占全国文化产业总量的 1/7，连续 15 年居全国各省市首位。在网络音乐、游戏动漫、数字出版等新兴文化业态领域，广东也领跑全国。2018 年广东游戏产业营收达 1811.0 亿元，同比增长 8.4%，占全国份额约 76.2%。广东文化装备制造业良性发展，游戏游艺机和演艺设备占据全国绝大部分市场份额。2018 年北京动漫游戏产业企业总产值达 710 亿元，比上年增长约 13%；原创研发动漫游戏企业出口产值大幅增长，达到 182.47 亿元，比上年增长约 57%。中部、西北和西南地区规模以上文化企业在企业数、从业人员数、资产、营业收入、利润等方面增速较快，区域差距趋向缩小。

10 多年来，中国文化产业快速发展，实现了文化产品从供给不足到极大丰富的转变，一定程度满足了人民群众多样化、多层次、多方

2018 年 11 月 29 日，为期 4 天的首届长三角国际文化产业博览会在上海展览中心开幕。

作为最早的文化创意园区，798艺术园区是独特的文化艺术资源，也是北京独具魅力的旅游资源。

面文化需求。同时，因为中国文化产业是在自身主体尚未发育成熟、市场化体制和机制尚未完全建立起来的情况下，由政府推动"国有文化企业转制"进入市场经济大潮而促成的，所以，文化企业弱小且同构化非常严重。德国出版巨头贝塔斯曼2017年的营收为172亿欧元，约合人民币1376亿元；利润接近12亿欧元，超过中国出版机构总和。中国219家中央级、366家地方出版社全部营收约为1312亿元，每家平均值2.2亿元。部分地方出现了文化创意产业园区变成"文化地产"的现象，存在文化产业的泛市场化和唯市场化导向。文化产品则存在内容过度娱乐、形式过度包装、市场过度营销等虚浮乱象，高质量的文化精品不多。

为促进文化产业发展，中共十八届三中全会提出"建立健全现代文化市场体系"，即从过去的主要依靠体制性释放（文化体制改革）和政策性推动（文化体制改革的配套优惠政策），以行政这只"看得见的手"直接指挥促进发展，变为开放文化市场，推动法治建设，培育文化生态环境等，依靠市场内生动力实现发展。"十三五"时期（2016—2020），国家实行战略调整，主要是实现发展动力机制的转变，推动文化产业转型升级、提质增效，提升规模化、集约化、专业化水平。创新文化生产经营机制，鼓励非公有制文化企业发展，降低社会资本进入门槛，允许社会资本参与对外出版、网络出版，允许以控股形式参与国有影视制作机构、文艺院团改制经营，支持各种形式小微文化企业发展。同时调整文化产业导向，在重视文化产业经济属性的同时，回归文化产业的文化属性、社会属性和意识形态属性，把社会效益放在首位，改变自20世纪90年代以来文化产品的商业性、产业化挤压意识形态性和艺术性的现象，追求思想性、艺术性、观赏性的结合，经济利益与社会效益相结合，培养精雕细琢的"工匠精神"。

中国已成为世界上规模最大、增长最快的文化消费市场之一。2007年中国只有7100万人次去看电影，2019年增长到17.3亿，增速惊人。国际经验显示，人均GDP达到5000美元以上时，文化消费将出现爆发式增长。2012年，中国人均GDP超过6000美元，文化消费缺口巨大，因为国内文化市场高质量原创产品不足，人们的消费需求还没有得到充分释放，中国文化产业前景广阔。

电影业的马鞍型发展之路

中国电影领域最早开放，经过市场竞争逐渐繁荣发展。中国电影走过了一条马鞍型发展道路，经历了从高峰到低谷再到复兴的发展历程，体现了中国电影与时俱进的巨大生命力。中国电影在1979年创造了全年290多亿观众人次的纪录，每个中国人年均观影接近30次，但很快中国电影业就感受到了成长的阵痛。随着20世纪80年代中期电视媒介的迅速普及和风靡内地的港台影视剧的激烈竞争，电影业面

消费者选购文化创意产品

临着巨大挑战，市场萎缩，观众锐减，只好由现实主义向"娱乐化"艰难转型。在内外压力下，电影业开始探索以市场经济规律为指导的企业化运作方式，在发行环节引入竞争机制，推进国有制片业股份制改革。同时，社会资本和民间资源开始参与到电影的制作过程中来，增强了商业电影的市场竞争力，为新世纪商业大片的繁荣发展埋下了重要的伏笔。2000 年发布《关于进一步深化电影业改革的若干意见》，2001 年国务院第 50 次常务会议通过《电影管理条例》，2017 年 3 月 1 日，中国有关电影业的第一部法律《中华人民共和国电影产业促进法》生效……这一系列举措为中国电影业深化改革、全面发展指明了方向。中国电影制片、发行、放映领域的准入门槛逐步降低，电影投资主体愈发多元，产业化水平日益提高，创作生产能力稳步提高，类型生产和艺术探索也呈现出多样性和丰富性的发展态势。中国电影业逐渐从 20 世纪末的低潮中走了出来，开启了高速发展的黄金时代，创造了市场奇迹。电影票房从 2003 年的 9.5 亿元，增长至 2018 年的 609.76 亿元（86 亿美元），以年均近 40% 的增速扩张，中国成为继美国之后第二大电影市场。《战狼Ⅱ》以 56 亿元票房，成为 2017 年度全球票房第六位的非好莱坞影片。科幻电影《流浪地球》票房超过 46 亿元，动画电影《哪吒之魔童降世》票房 50.7 亿元。

民营电影公司为中国电影产业发展作出了重要贡献。如 1994 年王中军、王中磊兄弟创立的华谊兄弟传媒股份有限公司，因投资冯小刚的贺岁片而声名鹊起，在 20 多年间不但创造了多个票房奇迹，而且多次获得国际、国内各大电影奖项，先后推出了百余部深受观众喜爱的优秀电影作品，其中包括曾占据国内票房领先地位的《手机》《天下无贼》《宝贝计划》《集结号》《非诚勿扰》《功夫之王》《风声》《狄仁杰之通天帝国》《画皮 2》《十二生肖》《西游降魔篇》《狄仁杰之神都龙王》《私人订制》《寻龙诀》《老炮儿》等，总票房逾 150 亿元，是国内商业成绩最好的民营影视公司。2005 年华谊兄弟传媒集团成立，全面进入传媒产业，投资及运营电影、电视剧、艺人经纪、唱片、娱乐营销等业务。

电影产业成为中国相对成熟的文化产业，市场稳健增长，电影消费的热点目前正从一、二线城市下沉至三线及以下城市。近几年中国电影基础设施大量投建，影院银幕与市场体量急速扩增。截至 2019 年底，全国影院数量为 10835 家，银幕数量达 60079 块，稳居全球首位；科技创新成果在影院建设中得到广泛应用，如中国巨幕在全国 140 多个城市落地，总数超过 280 块；中影光峰的 ALPD 激光放映技术，已在全球 8800 套数字放映设备上得到应用；有以定制化观影服务为主导的点播影院、"亲子"互动观影区域等品质化、个性化电影消费服务。特别是信息时代来临，互联网技术与思维介入电影业，带来了电影媒介融合、理念变革和人才跨界的新可能，逐渐形成了"互联网 + 电影"的大产业格局。在此过程中，第四代、第五代、第六代导演一面坚守艺术质量和美学品位，一面转换思路以适应市场竞争，中国电影新力量集群式涌现，携着风格各异的作品抢滩大银幕，逐渐成长为市场主力。香港电影人集体北上，中美、中韩等国际合作不断增多，中国电影产业呈现出一派海纳百川、欣欣向荣的新气象。

不过，中国大多数电影公司目前还只靠一次性票房收入盈利，没有形成图书、影视、游戏、旅游、周边产品等产业链和 IP 积累。按照目前中国电影的分账制度，院线要拿走很大部分，加上明星片酬高，影视投资者、影视制作公司的收益很难保证，也影响到编导和其他演员的积极性。为使各方合理分配收益，把明星片酬与最后的票房挂钩或许是一种良策。

新型文化业态应运而生

文化与互联网、旅游、体育等行业融合发展，是新时代文化产业

2017 年 12 月 31 日，中国首家影视音乐产业联盟筹委会在北京举行新闻发布会。

发展最突出的特点。2014 年，国务院发布《关于推进文化创意和设计服务与相关产业融合发展的若干意见》，旨在完善促进文化与其他产业融合发展的文化经济政策，培育新型文化业态和产业发展新动能。

伴随着文化产品和服务的生产、传播、消费的数字化、网络化进程加快，"互联网 + 文化"成为文化产业发展的重要趋势，中国形成了文化信息传输服务业、文化艺术服务业、文化休闲娱乐服务业三个行业，并实现了两位数以上的增长。截至 2018 年 12 月，中国网民规模已达 8.29 亿，普及率达 59.6%，网络视频、网络音乐和网络游戏的用户规模分别为 6.12 亿、5.76 亿和 4.84 亿。得益于人口红利、互联网效应、资本推动和政策环境的改善等，以"互联网 +"为主要形式的文化信息传输服务业发展迅猛，2016 年实现增加值 3687 亿元，比 2013 年增加 1884 亿元，2014—2016 年年均增长 26.9%，占文化产业增加值的比重为 12.0%；文化创意和设计服务业 2016 年实现增加值 5843 亿元，比 2013 年增加 2127 亿元，年均增长 16.3%，所占比重为 19.0%。从营业收入看，2017 年全国规模以上文化信息传输服务业营业收入为 7990 亿元，比上年增长 34.6%；规模以上文化创意和设计服务业营业收入为 11891 亿元，比上年增长 8.6%。中国动漫产业总产值突破 1600 亿元，国产动漫用户占比超过 70%，互联网漫画用户9725 万。手机（移动终端）动漫标准成为首个由中国制定的文化领域国际技术标准。2018 年，全国规模以上文化及相关产业 6 万家企业实现营业收入 89257 亿元，按可比口径计算比上年增长 8.2%。其中，增速超过 10% 的行业有 3 个，分别是：新闻信息服务（营业收入比上年增长 24%），创意设计服务（增长 16.5%），文化传播渠道（增长 12%）。

数字内容、动漫游戏、影视 IP、视频直播、短视频等基于互联网和移动互联网的新型文化业态，拓宽了文化产业的领域。2017 年中国传媒产业总规模达 18966.7 亿元，而 2012 年只有 9433.4 亿元。从传媒产业内部结构来看,传统媒体不断萎缩,传统媒体市场总体规模仅占五分之一,其中报刊、图书等平面媒体的市场份额不到 6%;数字出版、动漫游戏、数字音乐、数字电影、网络视频、移动多媒体电视、公共视听载体等迅速崛起,已成为传媒产业中的支柱行业。数字出版增速领跑出版业,2017 年营业收入达到 6978 亿元,2018 年营业收入 8330.78 亿元,2019 年营业收入突破 9900 亿元。2007 年中国网络广告产值 100 亿元,10 年后市场规模超过 3800 亿元。2017 年网络游戏收入首次突破了 2000 亿元。2017 年数字阅读行业市场规模达到 152 亿元,较上年增长 26.7%。以音频为主要传播载体的知识付费服务发展迅猛,有声阅读市场规模达到 40.6 亿元,借助音频媒介开展的综合类知识付费服务贡献了约 10 亿元的收入规模。海外英文网文用户达 700 万以上,人数占比最高的三个国家是美国、巴西和印度。

网络视频对于电视节目的替代作用愈加明显,且已成为传媒业中举足轻重的板块。2006—2016 年,互联网视频产值从 5.3 亿元增至 609 亿元。由于它满足了受众获取产品的"随时、随地、随需"等需求,还有弹幕等满足受众社交需求的系列优势,因而特别受到年轻群体的欢迎,用户不断增加,2008—2016 年由 2.02 亿增至 5.45 亿。在巨大用户数量的基础上,付费用户比例的增长带来可观的效益,2017 年市场规模将近 1000 亿元,并以 30% 的速度快速增长。2011—2017 年,以在线音乐平台为核心的数字音乐产值由 3.8 亿元增至 143.6 亿元,年均增长 152.6%。中国成为全球重要的音乐市场之一。2017 年,网易云音乐启动"石头计划",腾讯音乐发布"音乐人计划",虾米音乐推进"寻光计划",大力扶持音乐人,这将增强其音乐供给能力。中国歌星开始跨越国界展现潜力,在美国公告牌 200 强排行榜上,2018 年张艺兴的专辑《梦不落雨林》排在第 21 位,成为有史以来最卖座的华语流行歌手。2016 年开始,内容涵盖文艺、游戏、日常生活等在线直播和得到、知乎、分答、喜马拉雅等知识付费产品陆续上线,

2018 年 12 月 29 日，2018 国际动漫游戏产业博览会暨"动漫河北"活动在石家庄国际会展中心开幕。来自 13 个国家和地区的 118 名嘉宾应邀参会，174 家国内外动漫游戏企业参展。

成为传媒产业新的增长点。

随着移动互联网的普及，人工智能、大数据、虚拟现实（VR）、增强现实（AR）等现代技术元素在中国得到日益广泛的应用，文化与科技融合发展，形成以原创内容为核心的文化创意产业链，推动了传统文化企业转型升级。文化产业呈现出全新的发展格局，稳步向国民经济支柱性产业迈进。在此趋势下，加强知识产权保护，克服内容同质化现象，做到内容质量更加精品化、传播渠道更加多元化、版权运作更加精细化、价值评估更加体系化，显得格外重要。2018 年 6 月，中国动漫集团与华特迪士尼有限公司签署战略合作框架协议，主要是为了实现在动漫的原创与市场上的优势互补。迪士尼需要中国的市场，动漫集团需要迪士尼的原创研发。

移动互联网衍生的另一个问题是如何科学引导未成年人对于网络

产品的使用。《2017年中国游戏产业报告》显示，中国游戏用户规模达到5.83亿人，其中，青少年是游戏用户主力群体之一。如何避免孩子游戏成瘾，已成为亟待解决的社会问题之一。教育部等八部门联合印发《综合防控儿童青少年近视实施方案》，其中提到要采取措施，限制未成年人使用网络的时间，防止孩子沉迷游戏，并把有损青少年身心健康的内容拒之门外。

第六章 宗教文化健康有序发展

　　中国是多民族多宗教的国家，兼收并蓄是中国文化的特征。在中华民族多元一体的格局中，佛教、道教、伊斯兰教、天主教和基督教(本书中特指新教)五大宗教包容共处，成为中国文化多样化的重要内容。中国的宗教信徒有爱国爱教的传统。中国政府保护宗教信仰自由，支持和鼓励宗教界团结信教群众积极参加国家建设，主张宗教与社会之间、宗教与宗教之间，以及宗教内不同教派之间相互尊重、相互滋养、和谐共生。

尊重和保障宗教信仰自由

在世界观上，中国共产党人坚持无神论，但基于人类精神的复杂现象、宗教的客观存在，尊重公民信仰上的差异。1949年颁布的《共同纲领》规定了各民族宗教信仰的自由，保障公民宗教信仰自由权利。1952年，毛泽东接见西藏致敬团时强调："共产党对宗教采取保护政策，信教的和不信教的，信这种教或信别种教的，一律加以保护，尊重其宗教信仰。"

中国的宗教政策与中国宗教传统有关。中国自古以人为本，用儒家仁礼之学治国，人文主义发达，佛教、道教为辅。马克斯·韦伯把

黑龙江省哈尔滨市通江街犹太教堂是中国为数不多的犹太教建筑之一。

中国儒学称为"清醒的宗教"。中国五大宗教，除了有 1700 多年历史的道教是土生土长的宗教外，佛教、伊斯兰教、基督教、天主教都是外来宗教，说明了中国宗教文化的包容性。外来宗教进入中国，均接受中华文化熏陶，或快或慢走上本土化道路。佛教和平地传入中国，并成功地融入中华文化，与儒、道一起构成中华传统文化的三大主干。天主教在公元 7 世纪传入中国，基督教于 1807 年传入中国。伊斯兰教在中国有 1300 多年的历史。西方宗教与中国传统文化多少都有抵触之处，有过"水土不服"。清朝康熙时期，因罗马教廷不允许中国教徒"尊孔祭祖"而爆发"礼仪之争"，导致百年禁教。在 19 世纪新教大规模传入中国时，"一切传教士都从鸦片战争和随着中国的失败而签订的诸条约和法令中，获得了利益和好处"（鲍特·怀特语）。教育家蒋梦麟说："如来佛是骑着白象来到中国的，耶稣基督却是骑在炮弹上飞过来的。"所以，在传教过程中，宗教与政府及民众冲突的大小教案不断发生。20 世纪初后，新教、天主教在华办学，尤其是办大学，局面有所改观。许多华人基督徒则提出不受西方教会管辖，创办中国耶稣教自立会。

中国宗教种类多、层次多，五大宗教与民间信仰一起构成了中国宗教的基本谱系。中国少数民族中信教人数的比重较大。壮、瑶、白、彝、京、仫佬族中的一部分人信仰道教。藏、蒙古、土、裕固等民族信仰藏传佛教，傣族和布朗、德昂、阿昌、景颇、拉祜等民族的一部分人信仰南传佛教。维吾尔、回、哈萨克、柯尔克孜、塔塔尔、乌孜别克、塔吉克、东乡、撒拉、保安等 10 个少数民族的群众信仰伊斯兰教。俄罗斯族和鄂温克族中的一部分人信仰东正教，达斡尔、鄂伦春和鄂温克族的一部分人信仰萨满教。有些少数民族中还残存或保留着一些原始宗教。宗教的多样性使中国获得"宗教联合国"的称号。很多中国人没有宗教徒的身份却有宗教的观念、鬼神的观念，而且这些观念都是混合的，有佛教的、道教的，也有一点其他宗教的，特别是汉族民众很多是"宗教的混血儿"。与西方从中世纪以来很多地区不断发生宗教流血冲突不同，中国虽出现过"三武一宗"灭佛事件，但各宗教之间和谐是主旋律，宗教与社会的关系也比较和顺。

中国宗教界通过民主制度改革和独立办教道路的选择，迈出了与当代社会、文化相适应的重要一步。中国的佛教、伊斯兰教、道教过去是与封建制度相联系的。在西藏，曾经实行政教合一的封建农奴制度，达赖喇嘛是最高的统治者，寺庙是最大的封建领主。新中国成立后，对汉地佛教、道教和伊斯兰教，主要是革除封建制度影响，提倡自食其力，参与社会建设。废除藏传佛教的一切封建特权，宗教不得干涉司法、婚姻和教育。在基督教、天主教中开展反帝爱国运动，推行自治、自养、自传，建立了宗教界广泛的反帝爱国统一战线，实现了教会合一、基督教中国化。1957 年 8 月，天主教成立了由主教、神父、教友共同组成的"中国天主教友爱国会"（后更名为中国天主教爱国会）。《中华人民共和国宪法》明确规定："中华人民共和国公民有宗教信仰的

福建泉州崇福寺

自由"，明确宗教信仰自由是公民的基本权利。宗教信仰可以满足人民群众的精神需要，只要不妨碍政治，不妨碍经济生产，就不应该干涉。中国人很多时候把宗教看作文化的组成部分。宗教文化来源于世俗文化，并为世俗文化提供营养，宗教文化论得到社会广泛认同。

20 世纪 50 年代，中国提出，宗教具有群众性、长期性、民族性、国际性和复杂性，不仅是一种世界观和精神文化，而且具有社会属性，是一种影响很大又很稳定的社会力量与社会文化。因此，宗教工作绝不能简单化，要严肃认真对待，不把宗教看成旧文化残余而急于消灭它。中国宗教政策的主要内容是：公民有信仰宗教和不信仰宗教的自由；宗教保有其各自基本信仰和教义，维持与其自身特点相一致的宗教制度和礼仪，在国家宪法、法律和政策范围内自主地开展正常宗教活动；各宗教一律平等；无神论与有神论之间相互尊重；宗教团体和宗教事务不受外国势力的支配。

中国共产党把宗教界作为团结对象。各宗教团体有自己的组织，按照各自的章程选举、产生领导人和领导机构。

积极引导宗教与社会主义社会相适应

"文化大革命"时期，宗教活动停止，宗教场所和文物被大量毁坏。20 世纪 70 年代末开始，中国全面贯彻落实宗教信仰自由政策，恢复宗教场所。1980 年 4 月，邓小平在《人民日报》发表《一件具有深远意义的盛事》一文，通过纪念唐代高僧鉴真，充分肯定了宗教人士在国际文化交流中的积极作用。

1982 年中共中央颁布《关于我国社会主义时期宗教问题的基本观点和基本政策》，指出：在现阶段，信教群众与不信教群众在思想信仰上的这种差异，是比较次要的差异，而信教群众和不信教群众在政治上、经济上的根本利益是一致的。宗教工作的根本任务是把信教群众与不信教群众团结起来致力于社会主义现代化建设。1993 年中共中央提出"积极引导宗教与社会主义社会相适应"。这一观点意义重大，第一次从正面肯定宗教与社会主义社会有共同点，可以相适应。它支持宗教界努力对宗教教义作出符合社会进步要求的阐释，鼓励和支持宗教界发挥宗教中的积极因素为社会发展和稳定服务。21 世纪以来，中共中央提出要发挥宗教在构建和谐社会中的积极作用，强调建设宗教和谐理论，发挥宗教界人士和信教群众在促进文化繁荣、经济社会发展中的积极作用。宗教文化论、宗教和谐论由此兴起。

宗教文化论阐述了宗教的文化属性和功能，揭示了宗教满足人们心灵情感需求的深层本质，展示了宗教在精神文化领域影响社会的特殊作用，为引导宗教健康发展和更好地适应当代社会开辟了广阔的空间。宗教和谐论主张宗教平等、和谐共生、政教协调、文明对话，旨在促进民族团结、社会稳定、和平发展。

习近平在谈到宗教工作时强调，必须坚持中国化方向，必须提高宗教工作法治化水平，必须辩证看待宗教的社会作用，必须重视发挥宗教界人士作用，引导宗教努力为促进经济发展、社会和谐、文化繁荣、民族团结、祖国统一服务。他认为，宗教的社会作用有其两重性，但是完全可以通过引导，尽量缩小消极作用，充分发挥积极作用，鼓励和支持宗教界发扬爱国爱教、团结进步、服务社会的优良传统。这就深化了对宗教正面功能的认识，团结了广大信教公民，也提高了人们对社会主义社会文化多样性的认识，有助于构建积极健康的宗教关系，维护宗教和睦与社会和谐。

中国学界不断加强对宗教问题的科学研究。1964 年中国科学院哲学社会科学部建立了世界宗教研究所，为中国宗教研究播下了种子。改革开放后，宗教学正式兴起，已成为人文社会科学领域一门显学，对于推进中国特色社会主义宗教理论的形成、为宗教事务管理提供咨询、推动文化大繁荣、促进民族宗教关系和谐及开展国际文明交流与

2019年5月28日，中国宗教界人士到访孔庙，进行文化交流。

互鉴，发挥了重要作用。1985年，任继愈的《中国佛教史》3卷出版。1989年5月，中国文化书院、美国新基督教研究会在北京联合主办"中国宗教的过去与现在国际研讨会"，议题包括中国社会与宗教、基督教与中国宗教、宗教与现代化、中国民间宗教的过去与现在、儒家与中国宗教、道家与中国宗教、佛教与中国宗教、马克思主义与中国宗教、中国少数民族宗教等。20世纪90年代，学术界整理出版了《人间佛教》（20世纪前半期中国佛教的材料）、《本色教会》（20世纪前半期中国基督教的材料）、《三清之境》（20世纪前半期中国道教的材料）。在此基础上，季羡林、汤一介担任主编，于1999年6月26日订出《〈中国佛教史〉编写体例》，组织学者进行研究。商定的编写原则是：第一，中国佛教史除写汉地佛教，还要包括"藏传佛教""云南南传上座部佛教""西夏佛教""敦煌佛教""西域佛教""佛教东传"等，以反映中国佛教的全貌；第二，不仅要写佛教思想，而且要注重佛教文学和艺术；第三，要注意各朝代佛教在民间的影响。这实际上确立了这套《中国佛教史》的特色，要写一部最全面的佛教史。此书2014年出版，改为《中华佛教史》，计划15卷，已出12卷，共500余万字，尚有《中华佛教史——新疆西域卷》《中华佛教史——西夏佛教卷》《中华佛教史——敦煌佛教卷》3卷待出。道教研究方面，有汤一介主编的《道家文化研究》丛书，分"道家历史""道家哲学问题""道教历史""道教经典和仪式"四个系列。

20世纪50年代中国有1亿人信教。目前，中国信教公民近2亿，宗教教职人员38万余人。佛教和道教信徒众多，但普通信徒没有严格的入教程序，人数难以精确统计。佛教教职人员约22.2万人。道教教职人员4万余人。信仰伊斯兰教的少数民族总人口2000多万，伊斯兰教教职人员5.7万余人。天主教信徒约600万人，宗教教职人员约0.8万人。基督教信徒3800多万人，宗教教职人员约5.7万人。参与民间信仰活动的群众较多。中国的宗教团体约5500个，其中全

青岛天主教堂本名圣弥厄尔教堂，由德国设计师毕娄哈依据哥特式和罗马式建筑风格而设计。

回族女校孩子们的笑脸

国性宗教团体 7 个，分别为中国佛教协会、中国道教协会、中国伊斯兰教协会、中国天主教爱国会、中国天主教主教团、中国基督教三自爱国运动委员会、中国基督教协会。目前依法登记的宗教活动场所有 14.4 万处。佛教寺院约 3.35 万座，其中汉传佛教 2.8 万余座，藏传佛教 3800 余座，南传佛教 1700 余座。道教宫观 9000 余座。伊斯兰教清真寺 3.5 万余处，新疆平均每 530 个穆斯林就拥有一座清真寺。天主教教区 98 个，教堂和活动堂点 6000 余处。基督教教堂和聚会点约 6 万处。2007 年，中国进行了一项关于"中国人精神生活状况"的全国性大型抽样调查，除了新疆和西藏以外，在国内东部、中部、西部随机抽样。在 7021 份对于 16—75 岁的个人的调查问卷中，明确承认具有某种宗教认同的人占 23.2%。佛教是认同人数最多的宗教，有 18% 的人自己宣称信仰佛教，而承认信仰基督宗教的人占 3.2%。

宗教信仰是公民个人的私事，但宗教活动中涉及社会公共利益的

"宗教事务"，因其具有社会公共的性质而需要纳入政府依法管理的范围，必须遵守法律法规，不能凌驾于社会秩序之上。中国积极推动宗教事务管理的法治化、规范化。1991 年中央第一次提出要"依法管理宗教事务"。2004 年 11 月，国务院颁布《宗教事务条例》，标志着宗教事务法治建设进入新阶段。管理工作的要旨是"保护、管理、引导、服务"，管理的目的是保护正常的、合法的活动，制止非法的活动，打击犯罪的活动，对打着宗教旗号进行分裂活动和违法犯罪活动的行为依法进行打击。

《宗教事务条例》规定，不得宣扬、支持、资助宗教极端主义，不得利用宗教破坏民族团结、分裂国家和进行恐怖活动。坚持宗教中国化方向，积极践行社会主义核心价值观，弘扬中华优秀传统文化，努力把宗教教义教规同中华优秀传统文化相融合，遵守国家法律法规，自觉接受国家依法管理。这为各宗教健康发展指明了方向。如中国化的伊斯兰教，一方面保持其基本信仰、核心教义和礼仪制度，另一方面对教规教义作出了符合中国政治、社会、文化要求的阐释，并将其充分体现在中国伊斯兰教的信仰体系、社会意识、道德规范、价值观念、民风民俗等广泛内容之中。在中国，相关宗教只要是爱国的、守法的、劝人为善的，都有它合理合法的存在空间。一个真正有宗教信仰、注重道德修养、一心向善的信徒必然受人敬重。

中国共产党坚持以"政治上团结合作、信仰上互相尊重"的原则处理同宗教界的关系。中国历届政治协商会议、人民代表大会都有宗教界人士参政议政。全国约有 2 万名宗教界人士担任了各级人民代表大会和政治协商会议的代表、委员，积极参政议政。从 1991 年开始，党和国家领导人每年都与全国性宗教团体负责人迎春座谈，听取他们的意见建议。全国各地普遍建立了党政领导干部与宗教界人士联谊交友机制，加深了解、对话。

在爱国主义、社会主义旗帜下，同宗教界结成统一战线，是中国共产党处理宗教问题的鲜明特色和政治优势。新时代，中国主要是用社会主义核心价值观来引领和教育宗教界人士和信教群众，弘扬中华民族优良传统；用团结进步、和平宽容等观念引导广大信教群众；支持各宗教在保持基本信仰、核心教义、礼仪制度的同时，深入挖掘教义教规中有利于社会和谐、时代进步、健康文明的内容，对教规教义作出符合当代中国发展进步要求、符合中华优秀传统文化的阐释；坚持政治上团结合作、信仰上相互尊重，多接触、多谈心、多帮助。

国家依法保障信众权益。水、电、气、暖、道路、通信，以及广播电视、医疗卫生等公共服务，均已延伸和覆盖到宗教活动场所。多语种、多版本的宗教经典以及记载、阐释、注解宗教教义、教规的印刷品、音像制品和电子读物等，大量印制出版流通，满足了各族信教公民的多样化需求。整理出版《大藏经》《中华道藏》《老子集成》等大型宗教古籍文献。已翻译出版发行汉、维吾尔、哈萨克、柯尔克孜等多种文字版的《古兰经》。不同宗教相互尊重、相互学习，开展

2019 年 7 月 3 日，中国宗教界和平委员会成立 25 周年座谈会在北京举行。

对话交流，开创了"五教同光，共致和谐"的新境界。

宗教组织积极从事公益慈善活动。每年开展"宗教慈善周"活动，捐资助学，开展便民义诊、敬老助残活动，创建养老机构，建立残疾人康复站。初步统计，宗教界共开办了养老机构 400 多家，床位数总计约 2.9 万张。为倡导绿色环保理念，佛教界和道教界开展了"文明敬香"和"合理放生"活动。

西藏的宗教文化状况

中国约有 20 个少数民族全民信教，其中以西藏的宗教氛围最为浓厚。

早在 1951 年 5 月和平解放西藏前夕，中央政府就强调："实行宗教自由，保护喇嘛寺庙，尊重西藏人民的宗教信仰和风俗习惯。发展西藏民族的语言文字和学校教育。"新中国成立后，毛泽东多次会见达赖、班禅，主张培养真正懂佛学的知识分子。1953 年，十四世达赖和十世班禅被选为全国佛教协会名誉会长。1954 年 9 月，十四世达赖、十世班禅联袂赴京参加中华人民共和国第一届全国人民代表大会第一次会议，十四世达赖当选为人大常委会副委员长。在这次全国人民代表大会上，达赖喇嘛根据自己几年的观察和感受说："'共产党、人民政府毁灭宗教'的挑拨离间的谣言，已经全部破产了，西藏人民已经切身体会到了他们在宗教信仰上是有自由的。"1956 年 9 月，中国佛教协会西藏分会成立。

在十四世达赖于 1959 年被手下裹挟逃亡印度后，十世班禅在西藏积极探讨在社会主义条件下如何弘扬有 1300 多年悠久历史的藏传佛教。20 世纪 60 年代初，他首先在日喀则扎什伦布寺进行宗教改革试点，在此基础上，提出藏传佛教宗教寺庙改革五项原则：一、寺院放弃剥削压迫；二、实行民主管理；三、宪法进寺院，执行政府法令；

四、喇嘛参加劳动；五、各教派专门从事研讨佛学的僧人和老弱喇嘛的生活由政府负责解决。

十世班禅反复强调，佛教教义的核心是诸恶莫作，诸善奉行，清净我心，庄严国土，利乐有情，广积功德。根据佛教"普渡众生""积善积德"的教义，宗教界应该多做有利于国家、有利于民族、有利于人民的好事情。他把寺院的主要职能概括为七个方面：宗教活动场所，佛教修持场所，佛教知识分子培养场所，佛教文化艺术传播场所，历史、文物、民族传统文化的保存场所，旅游场所，以及社会基层组织。为保持法统、弘扬佛法，他还提出要有三千僧人专门学习研究佛学经典，其生活由政府包起来的意见，得到支持。经批准，在北京创办了中国藏语系高级佛学院，十世班禅亲自担任院长，目的是培养政治上热爱祖国、宗教上有较高造诣的佛学知识分子。学员中既有格鲁派学员，也有宁玛派、萨迦派、噶举派、觉囊派等派别学员。2011年又在

2018年4月13日，藏传佛教格鲁派各大寺庙的僧人在拉萨大昭寺与考僧辩经。

拉萨开办西藏佛学院，就近培育佛学人才。截至 2017 年，西藏自治区已有 84 名学经僧人获得了格西"拉让巴"学位，168 名僧人获得了中国藏语系高级佛学院"拓然巴"高级学衔。

藏传佛教具有哲学、天文、地理、医学、绘画、音乐等方面的丰富内容，是中华文化宝库中光辉灿烂的一部分，其宗教文化及载体均得到保护。西藏和平解放之初，中央政府强调"保护寺庙中的文物古迹和寺庙内佛像、佛经、佛塔、法器等；保护和维修寺庙的经堂、佛殿和房屋"。1959 年 6 月，中共西藏工委发布《关于加强文物档案工作的决定》，成立"中共西藏工委文物古迹档案管理委员会"，下设"文物管理小组"。西藏现有各类宗教活动场所 1778 座，住寺僧尼 4.6 万余人，活佛 358 名。信教群众家中普遍设有经堂或佛龛。僧俗信教群众每年都组织和参加萨噶达瓦节等各种各样的宗教和传统活动，每年到拉萨朝佛敬香的信教群众达百万人次以上。寺庙学经、辩经、晋升学位、受戒、灌顶、修行等传统宗教活动正常进行，每逢重大宗教节日都循例举行各种活动。活佛转世作为藏传佛教特有的传承方式得到国家的尊重。民主改革以来，已有 60 余名新转世活佛按照历史定制与宗教仪轨得到批准认定。

在中央政府的支持下，西藏的大量宗教文献典籍得到抢救、整理、出版。藏文《大藏经》是藏传佛教典籍的主要部分，包括的经书达 4500 多种。从 1986 年起，国家在中国藏学研究中心设立了"对勘藏文《大藏经》"项目，并在四川成都成立藏文《大藏经》对勘局，聘请了一批学识渊博的学者，对所有版本进行对勘精校。2011 年，这项浩大的工程完成，共计 232 卷 4570 部，全部由中国藏学出版社出版。这是有史以来的第一次。国家印制《甘珠尔大藏经》达 1490 多部，供给寺庙，满足僧尼和信教群众的学修需求。各寺庙的传统印经院也得到继承和发展，现有木如寺印经院、布达拉宫印经院等大型传统印经院近 60 家，年印经卷 6.3 万种。民间经书销售摊点有 20 家。

寺院是保护的重点。长期以来，国家投入大量资金维修西藏的众多寺院，保护和修缮寺院的壁画、雕刻、塑像、唐卡、经卷、法器、佛龛等宗教文化载体。1989—1994年，国家拨出5300万元专款和黄金、白银等贵重物资，对布达拉宫进行了首次保护维修。2001—2010年，国家先后对大昭寺、色喀古托寺、扎什伦布寺、夏鲁寺、小昭寺等重点文物进行维修保护，先后投入的文物保护维修资金达20.4亿元，其中用于布达拉宫（二期维修工程）、罗布林卡、萨迦寺三大文物古迹维修的费用达3.8亿元。布达拉宫被誉为"世界屋脊上的明珠"，藏有文物7万多件、典籍6万余函卷，其核心建筑——红宫殿内有3700多尊佛像、佛塔。2019年，西藏布达拉宫古籍文献保护利用工程启动。大昭寺建立了"佛像唐卡数据库"，已有6000多尊佛像、600多幅唐卡录入数据库。布达拉宫、大昭寺、罗布林卡已列入联合国世界文化遗产名录。西藏现有各类文物4277处，有世界文化遗产3处、人类

2018年2月6日，拉萨大昭寺四周的五个大经幡柱更换经幡，迎接藏历新年的到来。

非物质文化遗产项目 2 个，全国重点文物保护单位 55 处，国家级非物质文化遗产项目 76 个，自治区级文物保护单位 224 处、非物质文化遗产项目 323 个。唐卡、藏香、藏纸、拉萨雪顿节……这些与宗教相关的古老而神秘的非物质文化遗产项目得以传承，并展现出迷人风采。

法国记者马克西姆·维瓦斯表示："我作为无神论者，曾经在西藏对随处可见的藏传佛教寺庙和满大街的僧侣感到异常惊讶（在我们这里绝对不会容忍如此众多的神父）。"[1]

人们到藏区旅行，随时都能看到磕长头的藏民。电影《冈仁波齐》《阿拉姜色》均记录了藏民去拉萨的朝圣之旅，讲述信仰与家族之爱。不少人诟病西藏的发展让西藏不再纯洁，认为"藏族只追求灵魂的纯净，不希望更好的物质生活"。然而，事实上，是现代化建设带来的交通便利、增产增收等等，才成全了普通藏民的拉萨朝圣之路。一位磕长头的藏族老阿妈说：她是"为自己，为自己的家人，也为辛苦修建这些公路的大好人祈福"。

在旧西藏，只有极少数贵族才能去朝圣，也不存在全程磕长头到拉萨朝圣这种形式。因为西藏过去没有公路，地形复杂险峻，很多地方连猴子都不容易过去，人磕头就更做不到。旧西藏实行的是庄园农奴制，农奴擅自离开庄园被视作逃亡，占人口比例 95% 的农奴是没有决定自己是否能去朝圣的权利的。除了人身依附，农奴还面临物资匮乏。由于高海拔和山路崎岖，从最近的山南、日喀则核心区到拉萨也要走三个月到半年，一个人至少需要酥油及 100 公斤左右的口粮。1951 年西藏人均粮食占有量是 135 公斤，历史上的粮食产量远低于人均 200 公斤的温饱标准。农奴主实行掠夺式的超经济剥削，农奴的收入一般都难以维持最起码的生活，没有支撑朝圣的物质基础。新中国

---

[1]马克西姆·维瓦斯 2010 年赴西藏参观采访，随后出版了《达赖并非如此"禅"》一书，以客观的笔触记录西藏宗教现状，揭露达赖喇嘛的谎言。

的社会制度和现代化交通条件才提供了真正可供实践的信仰自由。

藏民的文化权益受到尊重。西藏教育系统推行以藏语文授课为主的双语教学体系。西藏有14种藏文杂志、10种藏文报纸。西藏人民广播电台开办有42个藏语（包括康巴语）节目、栏目，藏语新闻综合频率每天播音达21小时，康巴语广播频率每天播音18小时，西藏电视台藏语卫视24小时播出节目。藏文是国家第一种具有信息技术信息交换用文字编码国际标准的少数民族文字，信息技术的发展进一步推进了藏语文的推广和使用。2016年8月，全球首个藏文搜索引擎"云藏"上线运行，涵盖新闻、网页、视频、音乐、图片搜索和藏文百科、藏文文库、藏文知道等项目，共计有1400多个栏目，涉及历史、文学、宗教、经济、医学、自然、科技等方方面面。"云藏"问世4年来，搜索用户访问总量已突破35亿次，日均访问量1000万次左右，覆盖中国31个省、自治区、直辖市（不含港澳台），以及美国、法国等70多个国家和地区。"云藏"的查询结果精确度已达到95%以上。

第七章 对外文化交流

　　中外文化交流有利于促进民心相通和文明互鉴。中国对外文化交流坚持开放、包容、互鉴、共赢的精神，政府与民间并举，文化交流与文化贸易并重，走出去与请进来并行，形成多层次、宽领域、全方位的开放格局。中国的文化外交促进了国际文化交流，推动了中国文化事业和文化产业的发展，增强了中国文化的国际竞争力和国际影响力。

扩大文化交流合作

　　新中国成立后，在积极建设新文化的同时也开拓对外文化交流。对于西方文化，毛泽东主张"洋为中用"。他指出："对于外国文化，排外主义的方针是错误的，应当尽量吸收进步的外国文化，以为发展中国新文化的借镜；盲目搬用的方针也是错误的，应当以中国人民的实际需要为基础，批判地吸收外国文化。"毛泽东大力提倡吸收外国文化成果中对中国有用的东西。他列举了中国唐代和近代两次向外国学习先进经验和先进文化的高潮，说明向外国学习是有利于中国社会进步的。"一切我们用得着的，统统应该虚心地学习。对于那些在这个问题上因不了解而产生抵触情绪的人，应该说服他们。"

　　在1956年开始探索中国式的社会主义发展道路后，毛泽东进一步扩大了学习范围。他在《论十大关系》中指出："我们的方针是，一切民族、一切国家的长处都要学，政治、经济、科学、技术、文学、艺术的一切真正好的东西都要学。但是，必须有分析有批判地学，不能盲目地学，不能一切照抄，机械搬用。"这也是对中国向苏联学习的热潮中"人家的短处也去学"的反思。"资产阶级在近代文化、近代技术这些方面，比其他阶级要高。"中国要在尽可能短的时间里改变落后面貌，不大胆地拿来是不行的，这就是"洋为中用"。继承、借鉴是为了创新。毛泽东坚持"古为今用、洋为中用"的"用"不是简单照搬，简单照搬不能替代自己的创造。对于中国优秀的传统文化必须"推陈出新"，即继承传统文化中优秀的东西，用马克思主义的观点予以改造并用新的实践经验重新诠释，或注入马克思主义的灵魂，实现文化创新；对于外国文化，要把外国的好东西都学到，"中国的和外国的要有机地结合，而不是套用外国的东西。学外国织帽子的方法，要织中国的帽子"。"我们中国人必须用我们自己的头脑进行思考，并决定什么东西能在我们自己的土壤里生长起来"，创造出中国自己的、有独特的民族风格的东西。这就是在对比和交流中扬长避短、吸收其长处，从而完善自身，以实现民族文化的现代化与科学化。这就解决了社会主义文化发展的养料问题，打破了近代以来中国文化发展的僵局，开拓了民族文化前进的道路。

新中国初期，受制于两大阵营冷战、以美国为首的西方势力对中国孤立和封锁的国际环境，中国"吸收外国文化成果"主要源自苏联等社会主义阵营国家，这种学习借鉴对社会主义文化建设产生了重要作用。与此同时，周恩来等领导人也在亚非拉文化界广交朋友，许多国家成立了中国文化协会，中国与不少西方国家的文化界人士进行民间往来。1971年中国恢复在联合国的合法席位后，对外文化交流扩大，但主要由宣传、文化、教育、科学技术、卫生、体育、艺术、翻译出版等公立机构，以及官办对外友好团体实施，缺少公众的广泛参与。

改革开放后，中国扩大文化领域对外开放，对外文化交流不断创新观念、思路、体制机制和方式方法，激发了各类社会主体的参与热情，提高了文化开放水平。中国政府与外国政府间建立了文化交流机制与制度，积极开展各类文化交流。中国已与157个国家签署了文化合作协定，建立了中俄、中美、中英、中德、中欧、中非、中日、上合组织等双边和多边人文合作机制。根据达成的政府间协议，中国与许多国家相互举办了"国家年""文化年""语言年""旅游年""文化节""艺术节"等各类大型文化交流活动。2000年建立的中俄人文交流机制是中国第一个对外人文交流机制。从2003年中法两国举办"文化年"开始，中国与英国、美国、俄罗斯、意大利、印度等国家都成功地举办了"文化年"活动。"文化年"活动涉及政治、经济、科技、文学、艺术、教育等各个领域,加深了各国的相互了解,增进了中国与世界各国人民的友谊,成为促进政府间文化交流合作的常态化机制。近年来,中国政府与外国政府间的文化联系日益密切,文化交流规模不断扩大,文化交流人数显著增加。已投入运营的海外中国文化中心达到 40 个,它们开展了"中国旅游文化周"等活动,有效覆盖超过 5000 万人次。

"欢乐春节"已成品牌。春节是中国农历新年。据记载,春节起源于殷商时期年头岁尾的祭神祭祖活动,至今已有 4000 多年的历史,是中华民族最隆重的传统佳节,象征着团圆、兴旺和对未来的新的寄托。春节蕴含着中国文化中重视亲情友情、对自然感恩与崇敬、追思先人和重视传统的文化品格,记录了风土人情的发展嬗变,充满欢乐与温情,由此形成了世界上最大规模的年度"人类迁徙活动"——春运。世界各地的华人华侨受所在地习俗的影响,春节的过法各不相同。如欧洲华人的花车游行,是一种新民俗。为推广春节文化,2010 年文化部会同有关部门在海外开展"欢乐春节"活动,影响遍及全球,呈快速增长之势。2012 年中国在 82 个国家 144 个城市开展了 323 项活动,2017 年扩大到在 140 个国家 500 个城市开展了 2000 多项活动,直接观众达 2.8 亿人次。活动内容、渠道和形式多样,既包括剧场演出、综艺表演、广场巡游、文化庙会、慰侨联谊、文博展览、民俗展演、知识竞赛、图书展销、旅游推介等传统类型,也重点开发出"艺术中国汇""行走的年夜饭""新春音乐会""春节庙会""跨国春晚"等子品牌项目,并通过数字、网络、移动终端等平台,介绍"欢乐春节"活动情况和中国春节文化知识,与当地民众共同分享中华民族传统节日的快乐。一些国家在媒体平台上传播与春节有关的习俗,吸引多国政要拜年祝贺和现场助阵,许多外国民众也参与到春节的庆祝活动之中。在全球不少地区,春节已从早期华人内部的聚会变成了多元文化社会民众共同参与的节日庆典活动,成为本土化的节日。2017 年,加

2019 年 1 月 15 日晚，《春天的旋律·2019》跨国春晚在广西南宁录制完成。

拿大将春节列为法定假日。2019 年中国农历除夕，英国首相特蕾莎·梅通过微博表达祝福："全世界有数亿人欢聚一堂庆祝农历新年的到来。在英国，灯笼悬挂在曼彻斯特、利物浦、诺丁汉等许多大城市，而伦敦则拥有亚洲以外规模最大的农历新年庆祝活动之一。"

孔子学院遍地开花。在东亚国家和地区，中国的孔子文化，包括其价值观、思维方式、行为模式、伦理观念、教育体系等，曾产生过广泛而深入的影响。语言是文化的重要组成部分及载体。1987 年国家对外汉语教学领导小组成立。2002 年国家汉语国际推广领导小组办公室成立。2004 年 11 月 21 日，中国在韩国首尔开办了全球第一所孔子学院，以语言为媒，架起了中韩人民相遇相知的桥梁。经过 14 年发展，孔子学院已成为全球最大、最多样化的国际语言教育共同体。截至 2018 年底，中国已在 154 个国家和地区建立 548 所孔子学院和1193 个孔子课堂，帮助各国民众学习汉语、了解中华文化，推进中国与世界各国人文交流，促进多元多彩的世界文明发展。

2014年，国家汉办的新汉学计划开始实施，要求孔子学院建设突出本土化，注重质量提升和内涵式发展。本土化包括本土化的师资、教材、教学法等方面，每所学校都应有自己独特的教学方式。为了加强课程对学生们的吸引力，提高教学效果，各地孔子学院在教学方法上都在进行自己的探索。各类孔子学院编写本土教材累计66个语种3000余册。除了语言课程，不同学校根据自身条件，开设茶艺、书法、绘画、武术、舞龙舞狮等中国传统文化课程。网络孔子学院开通46个语种，注册用户覆盖125个国家。孔子学院积极开展汉语教学和文化交流活动，满足各国人民学习汉语、了解中华文化的需求，为推动世界各国文明交流互鉴、增进中国人民与各国人民相互了解和友谊发挥了重要作用。

汉语教育走红海外。汉语国际传播初期，主要以兴趣班或选修课等形式为主，后来逐步被不少国家纳入教育体系之内。据《中国语言文字事业发展报告（2017）》白皮书统计，截至2017年，已有67个国家（地区）通过颁布法令、政令和课程大纲等形式，将汉语教学纳入国民教育体系中。

中国图书加快输出。图书是文化的重要载体。在1949—1978年的30年间，中国用44种外文翻译出版了13个大类的中国文化图书，总品种数量为9356种，内容以政治文献等为主体，以中国现当代文学作品、传统文化艺术为辅。其中，《毛泽东选集》先后被译成30多个语种，约印行2亿册。这是近现代史上中国人的思想向世界传播规模最大的一次。1980年至2009年，翻译成各个外语语种出版的中国图书累计9763种。最显著的变化是译介的内容，中国人文历史、各地地理风光的图书成为首选，达到2426种，政治法律类的退居第二，另外还有艺术类，文化、科学、教育、体育类，中国文学类，中国经济类，语言文字类，中医药类，哲学宗教类等。中国出版传媒商报社

2013 年 12 月 30 日，浙江义乌哈森外国语培训中心老师在教外商学汉语。

等发布的《2018 中国图书海外馆藏影响力报告》显示：这一年，中国大陆共有 520 家出版社的 24757 种 2017 年版中文图书进入海外图书馆收藏系统。其中，当代文学作品受欢迎程度较高。陕西作家贾平凹的作品已经被翻译成英、法、德等 30 多个语种，意大利语版《带灯》获得克拉里丝·阿皮亚尼翻译大奖。浙江作家麦家的作品自 2014 年以来在欧美市场深受欢迎，仅《解密》就卖出了 34 种版权，被称为"麦家现象"。《2017 年全国新闻出版业基本情况》显示，当年全国出版物进出口经营单位的文学、艺术类出版物进口量为 265.11 万册，出口量为 198.92 万册，进出口比为 1.33：1。"逆差"逐步缩小。

2004 年，"中国图书对外推广计划"（CBI）启动。该计划支持国内外出版机构在国际市场出版中国主题图书，并推动中国的数字出版"走出去"。此外，2009 年中国又启动了文化著作翻译出版工程，以重点资助学术经典和文学经典著作对外出版发行。2005 年，中国出

2014 年 4 月 21 日，爱尔兰人埃里克·戴利展示自己刚读完的麦家小说《解密》英文版。

版业设立了"中华图书特殊贡献奖"，至 2019 年底已举办 13 届，共奖励了英国、法国、俄罗斯、德国、美国等 49 个国家的 123 位作出突出贡献的作家、翻译家和出版家。

国际传播创新体系。截至 2016 年底，中国国际广播电台在全球拥有 101 家海外整频率播出电台，每天播出近 3000 小时节目，覆盖 50 多个国家的首都或主要城市约 5 亿人口；在海外建有地区总站、驻外记者站、节目制作室、广播孔子课堂等近 100 个机构和 4115 个听众俱乐部。2016 年，国际广播电台受众反馈（互动）总量达 5530 万；开设社交媒体账号 228 个，粉丝总数 8117 万；媒体日均阅听量约 2600 万。人民日报、新华社、中国日报、中国国际电视台等在海外的传播力和影响力显著提升。中国媒体还加强同国外主流媒体和新闻界的交流合作，形成一系列常态化交流合作机制。

人文交流日趋活跃。文化节展、文物展览、博览会、书展、电影节、体育活动、旅游推介和各类品牌活动等，是中外双向人文交流的主要形式。国家重点支持汉语、中医药、武术、美食、节日民俗以及其他非物质文化遗产等代表性项目"走出去"，并不断丰富和拓展人文交流的内涵和领域。中外智库交流频繁，汉学与当代中国座谈会、青年汉学家研修计划等搭建起中外思想对话桥梁。有关机构在 Facebook、YouTube、Instagram、Twitter 海外四大主流社交媒体平台开设"中国文化"账号，加强与海外受众群体的互动交流。

民间文化交流涉及范围广泛，各类非政府组织、教育和文化艺术团体、文化和艺术精英、各国民众都是民间文化交流的重要参与者。中国人民对外友好协会、中国人民外交学会、中华全国妇女联合会、全国青年联合会、各类文化教育机构、文化艺术院团和广大海外侨胞等，在民间文化交流中发挥着积极作用。实际上，中国政府举办的各类国家年、文化年和艺术节都有民间文化院团的积极参与。

留学生在民间文化交流中占据重要地位，中国与外国的留学生交流日益扩大。1871 年中国向美国派出第一批官费留学生 30 名，其中多数是学自然科学和技术，如开矿、机器、化学等，社会科学只有学法学的。百余年过去，今非昔比。据联合国教科文组织统计，全球留学生总人数中，有 14% 是中国留学生，2017 年达 60.84 万人，中国持续保持世界最大留学生生源国地位。根据教育部数据，从 1978 年到 2017 年底，中国各类出国留学人员累计已达 519 万人，目前有 145 万余人正在国外进行相关阶段的学习和研究，有 313.20 万名留学生在完成学业后选择回国发展，占已完成学业留学生人数的 83.73%。其中，2012 年以来有 231.36 万人学成归国，占改革开放以来回国总人数的 73.87%。中国留学生 70% 留学于美国等发达国家和地区，而"一带一路"国家正在成为新的增长点，2017 年赴"一带一路"沿线 37 个国家的留学人数为 6.61 万，比上年增长 15.7%。

来华留学规模持续扩大，2017 年共有来自 204 个国家和地区的各

2014 年 5 月 16 日，中国人民对外友好协会成立 60 周年晚会录制现场。

类外国留学人员 48.92 万在中国高校学习，其中硕士和博士研究生共计约 7.58 万人，比 2016 年增加 18.62%。中国已成为亚洲最大留学目的国。来华留学生中，学习文科类专业的学生数量仍排名首位，占总人数的 48.45%；学习工科、管理、理科、艺术、农学的学生数量增长明显。他们是中外文化交流的重要力量。"一带一路"沿线国家留学生 31.72 万人，占总人数的 64.85%，增幅达 11.58%。

让世界了解中国

新中国成立 70 多年来，经过几代人不懈奋斗，基本解决了"挨打""挨饿"两个问题。但是，"挨骂"问题还没有得到根本解决。

新中国成立之初，美国说"中国不能解决吃饭问题"，西方社会盛行"赤祸论"。改革开放以来，中国取得了全世界最耀眼的经济成就。

按中国政府统计数据，从 1978 年到 2017 年，中国 GDP 年均增长 9.5%，是同期世界经济年均增速 2.9% 的 3 倍多，中国经济占世界经济的比重由 1.8% 上升到 15.2%，成为仅次于美国的世界第二经济大国。世界银行有关人士曾估计，中国要解决温饱问题需要 120 年的时间，实际不到 20 年就解决了这个问题。近 40 年来，世界有 7.4 亿人脱贫，中国有 7 亿人口脱贫。而且，中国的就业、住房等民生问题都得到了极大的改善。国际社会对此给予积极评价。新加坡前总理李光耀曾表示，中国自实行改革开放政策以来，政治稳定，经济快速发展，社会面貌发生了巨大变化，这不仅造福中国人民，也为地区和世界和平繁荣作出了重要贡献。哈佛大学资深教授、肯尼迪政府学院前院长约瑟夫·奈认为："数亿中国人成功脱贫是一项非凡成就。中国应对腐败、污染是有效的，并在继续推进改革。我对中国的未来相对乐观，中国将会变得更加富有、更加开放、更加环保、文化更有活力。"但是源自西方的所谓"中国崩溃论""中国威胁论""资源掠夺论""修昔底德陷阱"等一直不绝于耳，某些西方人一再在"民主"、"人权"、宗教等问题上批评中国。

这些批评，既源于中西方国家在文化、历史、制度、意识形态、思维方式等方面的差异，以及由此带来的西方某些人对中国的误解、误判，也具有浓烈的霸权色彩。中国的应对之策之一，就是推动中外文明交流互鉴，让世界了解中国。

一部人类文明史，就是各民族多元文明相互交融、互相促进的发展过程，是使历史成为世界历史的过程。英国哲学家罗素曾说，不同文明之间的交流过去已经多次被证明是人类文明发展的里程碑。1995 年联合国教科文组织提出了"文化多样性"观念。2005 年，联合国教科文组织通过的《保护和促进文化表现形式多样性公约》提出，文化多样性是人类的一项基本特性，是人类的共同遗产，应当为了全人类的利益对其加以珍爱和维护。

在世界文化交流、交融、交锋日益激烈的背景下，中国积极主张尊重并充分利用世界文化多样性，通过合作更多造福人类。2006年4月21日，胡锦涛在美国耶鲁大学发表演讲时阐明了中国关于建设和谐世界的观点：文明多样性是人类社会的客观现实，是当今世界的基本特征，也是人类进步的重要动力。中华民族在漫长历史发展中形成的独具特色的文化传统，深深影响了古代中国，也深深影响着当代中国。现时代中国强调的以人为本、与时俱进、社会和谐、和平发展，既有着中华文明的深厚根基，又体现了时代发展的进步精神。中华文明历来注重以民为本，尊重人的尊严和价值；中华文明历来注重自强不息，不断革故鼎新；中华文明历来注重社会和谐，强调团结互助；中华文明历来注重亲仁善邻，讲求和睦相处。他指出，历史经验表明，在人类文明交流的过程中，不仅需要克服自然的屏障和隔阂，而且需要超越思想的障碍和束缚，更需要克服形形色色的偏见和误解。意识形态、社会制度、发展模式的差异不应成为人类文明交流的障碍，更

2019年6月4日，江苏大学的外国留学生在镇江市感受中国民俗文化魅力。

不能成为相互对抗的理由。

中共十八大以来，为消除西方对华误解，中国一方面始终保持定力，聚精会神搞建设，一心一意谋发展，理直气壮地坚持走中国特色社会主义道路，在实现中华民族伟大复兴中国梦的道路上阔步向前，同时坚持走共同发展道路，欢迎各国搭乘中国发展"顺风车"，最大限度地让全世界共享中国发展的成果；另一方面，致力于讲好和平发展的中国故事，传播好中国声音，阐释好中国特色。

2013 年 3 月，习近平在莫斯科国际关系学院发表演讲，郑重地向世界提出构建人类命运共同体思想："这个世界，各国相互联系、相互依存的程度空前加深，人类生活在同一个地球村里，生活在历史和现实交汇的同一个时空里，越来越成为你中有我、我中有你的命运共同体。"2015 年 9 月，在联合国成立 70 周年系列峰会上，习近平全面阐释了构建人类命运共同体思想的具体内容：建立平等相待、互商互谅的伙伴关系，营造公道正义、共建共享的安全格局，谋求开放创新、包容互惠的发展前景，促进和而不同、兼收并蓄的文明交流，构筑尊崇自然、绿色发展的生态体系。2017 年 1 月，他在联合国日内瓦总部的演讲中，再一次全面介绍了构建人类命运共同体思想。中共十九大把"坚持推动构建人类命运共同体"作为坚持和发展中国特色社会主义的基本方略之一。

构建人类命运共同体思想内涵十分丰富，深刻回答了"建设一个什么样的世界、如何建设这个世界"的问题。在政治上，它强调和平、发展、公平、正义、民主、自由等全人类的共同价值。在国际关系上，主张坚持和平共处五项原则，遵循联合国宪章宗旨；坚持国家不分大小强弱一律平等，尊重各国人民自主选择本国发展道路和社会制度，维护国际公平正义，反对把自己的意志强加于他人，反对干涉别国内政，反对以强凌弱。在经济上，把本国发展和世界各国的共同发展紧密联系起来，维护多边贸易体系；不断扩大对外开放，开展经贸技术合作，既把自己发展好，也帮助其他国家发展好。在文化上，主张互相包容借鉴，尊重世界文明的多样性和差异性，共同推进人类文明的大发展大繁荣。在生态上，主张尊崇自然和绿色发展，坚持走绿色、低碳、循环可持续发展之路。

构建人类命运共同体思想准确把握世界历史发展的总趋势，深刻揭示国际关系发展的规律和特征，强调人类是一个利益、责任、命运共同体，世界命运应由各国共同掌握，国际规则应由各国共同书写，全球事务应由各国共同治理，发展成果应由各国共同分享，超越了"西方中心论"和"民族–国家"的扩张性，主张摒弃你输我赢的旧思维，强化合作共赢的时代精神，回答了"人类社会向何处去"的时代之问。这一思想与马克思主义所构想的共产主义条件下的共同体形式是"人的自由全面发展"的"真正共同体"思想高度契合，也蕴含了中国传统文化中"天下为公""兼济天下""四海之内皆兄弟"的天下情怀，

2019年7月6日，"2019年汉语桥——英国培优项目来华夏令营"在云南大学开营。

2019年8月29日，第六届"跨越太平洋——中国艺术节"开幕式在美国旧金山艺术宫举行。当地华侨华人、美国友人以及艺术界人士数百人参加开幕式并观看了舞剧《梁祝》。

追求"和而不同""和衷共济"的文化理念，旨在实现"各美其美，美人之美，美美与共，天下大同"的美好世界。

　　构建人类命运共同体思想以共建"一带一路"为载体。2013年9月和10月，习近平分别提出建设"新丝绸之路经济带"和"21世纪海上丝绸之路"的合作倡议（简称"一带一路"）。合作重点是政策沟通、设施联通、贸易畅通、资金融通、民心相通。"一带一路"倡议秉持"共商、共建、共享"原则。"一带一路"建设的价值导向是"以义为先、义利并举，不急功近利，不搞短期行为"。"义"是倡导国际道义、追求全球正义，"利"是在互惠共赢基础上确保各方取得实际利益。丝绸之路精神的内核是"和平合作、开放包容、互学互鉴、互利共赢"。

　　"一带一路"倡议提出后，逐渐从理念转化为行动，从倡议变为共识，从愿景成为现实。截至 2020 年 5 月，中国已累计同 138 个国家、30 个国际组织签署了 200 份共建"一带一路"合作文件，旨在促进地区间经贸、金融、人文以及安全方面的合作，加快互联互通的基础设施建设，加强中阿、中非、金砖和南南合作，凝聚国际合作共识。

构建人类命运共同体的理念得到国际社会的广泛支持。2017 年 3 月 17 日，构建人类命运共同体理念首次载入联合国安理会决议。2018 年 3 月 23 日，在瑞士举行的联合国人权理事会第 37 届会议通过中国提出的"在人权领域促进合作共赢"决议，第一次同时把推进构建人类命运共同体，推进构建相互尊重、公平正义、合作共赢的新型国际关系写入联合国的文件，体现了这一理念已经得到广大会员方的普遍认同。

以中非关系为例，中国秉持真实亲诚理念和正确义利观，不仅"授人以鱼"，提供不附加任何政治条件的援助，而且"授人以渔"，积极支持非洲可持续发展。截至 2018 年 8 月，中非共开展了 168 项文

2019 年 5 月 19 日，北京语言大学举办第 16 届世界文化节游园会，来自 90 多个国家和地区的学子及社会各界人士共同体验各国文化，增进交流和友谊。

2011 年 10 月 21 日下午，《红与黑》中外艺术交流展在江苏省南京市艺事后素现代美术馆开展。

化交流与合作活动，中国已在非洲 42 国建立 55 所孔子学院和 30 个孔子课堂，累计培养学生 140 多万人。孔子学院促进了非洲当地的师资培养、职业技术培训以及与中资企业合作等，有力推动了非洲当地经济与文化发展。埃及、南非、肯尼亚等 11 国将汉语纳入国民教育体系，中非人文交流持续升温。加纳有 6500 名学子在中国留学，在非洲国家中人数最多，其中 1076 人获得中国政府助学金。从互派文化交流团，到开展联合考古，从分享减贫经验，到跨国人才培养，一个个增进互信、凝聚共识的筑梦蓝图，越来越清晰。

　　"一带一路"官方网站开通，实现联合国 6 种官方语言版本同步运行。多层次、多领域的人文交流合作为沿线各国民众友好交往和商贸、文化、教育、旅游等活动带来了便利和机遇，不断推动文明互学互鉴和文化融合创新。在"一带一路"倡议框架下，中国在沿线国家举办境外办学机构和项目 81 个，2018 年上半年"丝绸之路"奖学金出资超 2.7 亿元人民币。丝路沿线民间组织合作网络日益完善，成员覆盖 61 个国家和地区。由政府牵头实施的丝绸之路影视桥、丝路书香、中非影视合作工程、喀尔喀蒙古语译制项目等取得了明显的效果。

中国的改革发展不仅深刻地改变了中国，同时也深刻地影响了世界，世界也渴望了解一个真实的中国。近年来，中国搭建平台积极发声。"中国梦"成为传播当代中国价值观念的生动载体。习近平、李克强等领导人在国际交往中带头讲述中国故事，在西方重要媒体发表文章，直接传播中国发展理念、发展经验、发展方案，塑造国家形象，对抹黑中国的言论公开驳斥。2014 年 3 月，习近平主席在联合国教科文组织总部发表演讲，全面阐述对文明交流互鉴的看法和主张。《习近平谈治国理政》体现了中国视野、治国策略、法治以及未来路线图。法国前总理让－皮埃尔·拉法兰读《习近平谈治国理政》后表示："这本书清晰地展现了中国的雄心与发展方向，对于其他国家来说，中国是一个可预见的国家。从中国身上，我懂得了'好朋友，是可预见的朋友'。"

"中国奇迹"让世界瞩目，吸引各国关注中国发展。哲学社会科学的国际交流与互动也越来越多，中国哲学社会科学的影响力在扩大。数据统计显示，中国 2600 余种哲学社会科学期刊的国际他引总被引频次从 2011 年的 15157 次提高到 2015 年的 40494 次，年均增长率为 27.8%。经济学、教育学、管理学、语言学、政治学等学科国际影响力优势明显。中国社会科学杂志社主办的《中国社会科学》和 Social Sciences in China（《中国社会科学》英文版），分别以国际影响力指数 287.350 和 109.758、国际他引总被引频次 454 次和 150 次等综合指标，被评为"2019 中国最具国际影响力学术期刊"（人文社会科学）。

中华文化需要充分展现自己的独特魅力，为全球贡献更多的中国创意、提供更多的文化精品。近年来，中国主题正在成为全球纪录片市场的热门资源，很多国外大型传媒机构推出了中国题材大型纪录片。

2018 年 1 月 19 日，第 52 届全球生态旅游大使世界总决赛部分获奖选手走进江苏百凤堂艺术馆，体验中国书画艺术。

据不完全统计，2017 年中国纪录片出口近 2000 个小时，国内制作的《舌尖上的中国》《京剧》《超级工程》《风味人间》等作品已经销售到亚洲、欧洲、美洲等多个国家和地区。由中国中央广播电视总台联手阿根廷美洲传媒集团共同制作的 10 集大型纪录片《跨越》全面展现了中阿两国的友好合作交流，向拉美地区观众介绍了中华优秀传统文化和进入新时代的中国所发生的深刻变化。一批国际合拍项目，如《极致中国》《鸟瞰中国》《光阴的故事》《来自喜马拉雅的天河》《港珠澳大桥》，以及国外媒体主导出品的、以他者视角对中国进行观照的纪录片，如《习近平治国方略：中国这五年》《中国春节——全球最大的盛会》《超级中国》等，在国际主流媒体播出后反响良好。

促进对外文化贸易和投资

中国改革开放后，对外文化贸易体系逐步建立，市场主体更加多元，核心文化产品和服务出口快速增长，涌现出一批优秀民族文化品牌。

中国文化贸易曾经很长时期存在巨大的逆差。1992年，中国对外演出公司为国家创汇300万美元。2001年，对外文化贸易被纳入中国"文化走出去"的整体战略。为改变中国对外文化贸易在对外贸易中的比重偏低现象，2005年7月出台的《关于进一步加强和改进文化产品和服务出口工作的意见》、2006年颁布的《关于鼓励和支持文化产品和服务出口的若干政策》和2010年文化部制定的《关于促进文化产品和服务"走出去"2011—2015年总体规划》等文件，制定和完善了促进文化产品和服务出口的目标、任务和保障措施。2014年3月，国务院发布了《关于加快发展对外文化贸易的意见》。与此同时，中国实行积极的文化对外开放政策，广泛吸收外国优秀文化成果，借鉴先进技术和管理经验，吸引外国对中国文化产业投资，引进文化领域的智力和人才，开展中外文化企业项目合作，通过文化交流丰富中国人民的文化生活，推动中国文化事业和文化产业的发展。

在政府对外文化交流更加活跃的同时，随着中国文化产业完成由小到大的成长过程，并开始产生"外溢"，以企业为主体的文化贸易不断扩大。中国图书、数字出版和版权三大国际贸易逐年提升，已站在世界前列。版权输出规模不断扩大，输出和引进品种比例由2002年的1∶15提高到2016年的1∶1.55，缩小了逆差。2016年，图书版权输出从1427种增加到1万种。中国出版物已经进入200多个国家和地区，使用汉语教材的国外公众已达2000多万人。音乐、游戏、动漫、网络文学作品的出版能力迅速提升，已经领跑了全世界。按照2016年联合国教科文组织统计研究所发布的报告《文化贸易全球化：

文化消费的转变——2004—2013年文化产品与服务的国际流动》，从2010年开始，中国就已是世界文化产品出口第一大国。国家统计局数据显示，2003—2013年，中国文化产品进出口总额从60.9亿美元攀升至274.1亿美元，年均增长16.2%；文化服务进出口总额从10.5亿美元增长到95.6亿美元，年均增长24.7%。但在英语世界，中国文学仍然只是小语种文学。2014年，中美图书的输入比率是150：7，逆差巨大。这个现状近期难以改观。

中国目前具有资质的电视剧制作机构超过1.8万家，有14家影视制作企业上市，社会投资活跃。随着中国影视剧制作能力和生产水平的提升，"扬帆出海"的国剧规模不断扩大，海外影响力逐渐提升。中国电视剧从内容到制作都日益与国际接轨，其"出海"图景也随之发生了很大的变化：题材从单一走向多元；受众面从狭窄向宽广掘进；

2019年1月23日，"大连之夜"在瑞士达沃斯世界经济论坛年会主会场举行。达沃斯会议中心当天布置了中国风情的装饰。

播出平台也逐渐从小众的卫星频道进入海外的主流频道、黄金时段。2018年6月7日，反映亲子关系与教育问题的电视剧《小别离》，登陆蒙古国收视率最高的电视剧频道亚洲影视频道（ASIAN BOX），一经播出，迅速超越同档期韩剧，在同时段收视率排行榜上登顶，成为蒙古国观众茶余饭后的热门话题。以蒙古国为例，中国影视剧在蒙古国的市场份额已从2014年的不到7%增加到2018年年初的18%。目前，国产剧已出口到了100多个国家和地区，整体的数量和题材也在增加和扩充。但是，尽管国剧"华流"初具规模，比起韩剧、美剧，国剧的文化影响力辐射范围仍旧有限。2012年至2016年，中国出口电视剧主要面向东南亚、日本、韩国等地缘文化相似或相近的国家，但出口至欧洲国家的电视剧数量却多有波动，就整体而言，"东热西冷"的格局没有突破性转变。《甄嬛传》是在东方历史美学下诞生的古装剧，在日本和韩国电视台播出得到了观众的一致好

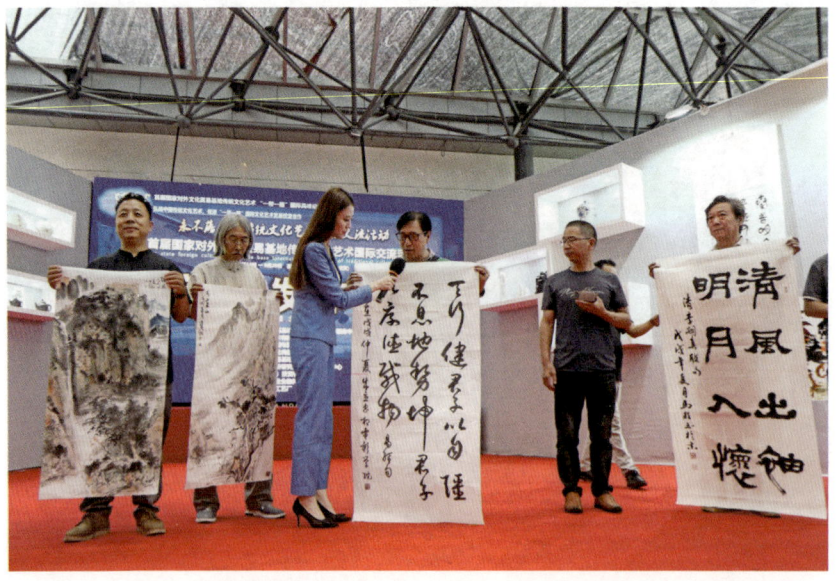

2018年7月18日首届国家对外文化贸易基地传统文化艺术国际交流活动新闻发布会现场

评，但是在北美遭到冷遇，无论是其中的复杂人际关系，还是人物间东方式隐晦含蓄的言语交锋，都增加了西方观众的理解障碍。因此，中国影视作品要在世界上广受青睐，还需要在文化、语言上对标国际制作，形成国际化的制作理念，跨越文化差异的壁垒。

2017 年，中国文化产品和服务进出口总额 1265.1 亿美元。其中，文化产品进出口总额 971.2 亿美元，比 2006 年增加 869 亿美元，增长 8.5 倍，2007—2017 年年均增长 22.7%；顺差 792.6 亿美元，比 2006 年增加 702 亿美元，增长 7.7 倍，年均增长 21.8%。2017 年，中国对"一带一路"沿线国家文化产品进出口总额达 176.2 亿美元，比上年增长 18.5%，占文化产品进出口总额的 18.1%，比上年增加 1.2 个百分点。出口的文化产品技术含量有所提升，具有较高附加值的游艺器材、娱乐用品和广播电影电视设备占比提升至 34.5%。中国数字文化产业快速发展，2018 年已经位列全球互联网文化娱乐第二大市场，仅次于美国。网络游戏在海外市场中获得 22% 左右的份额，手游出海占网络游戏出海收入比重过半。不过，文化服务出口仍表现疲弱，2017 年文化服务进出口总额 293.9 亿美元，逆差达 170.5 亿美元，内容版权类的核心文化服务贸易逆差依旧较大，电影音像的进出口逆差额持续增大，需要通过生产更多体现世界共同价值的高质量的文化产品来解决。